Herzensfolger

Bibliografische Information der Deutschen Bibliothek: Die Deutsche Bibliothek verzeichnet diese Publikation in der Deutschen Nationalbibliografie; detaillierte bibliografische Daten sind im Internet über http://dnb.ddb.de abrufbar.

2015
© Pomaska-Brand Verlag
Alle Rechte der Verbreitung im deutschsprachigen Raum,
auch auszugsweise, vorbehalten

Layout und Umschlaggestaltung:
Sigrid Pomaska
unter Verwendung von Illustrationen
© Leonid Tit/olly/fotolia.de

Herstellung:
Druck und Verlag Pomaska-Brand GmbH
Schalksmühle

www.pomaska-brand-verlag.de

Printed in Germany
978-3-943304-32-9

Inhaltsverzeichnis

Vorwort... 6

1. Der Absturz... 9
2. Nächste Stufe Gemeinwohl 13
3. Nachtschicht bei McDonalds 19
4. Jetzt erst recht! 28
5. **„Man kann andere nur mit dem berühren, was aus dem Herzen kommt"**
   COSIMA LANGE – *Dokumentarfilm-Regisseurin* 33
6. Frisch aus dem Ofen 48
7. **„Ich bin kein Weltverbesserer"**
   REINHOLD HARTMANN – *Unternehmensberater* 57
8. Kassensturz 70
9. **Ein Banker auf Abwegen**
   HELMUT LIND – *Vorstandsvorsitz. Sparda-Bank München* 75
10. **Asterix in Ägypten**
    HELMY ABOULEISH – *Geschäftsführer der Sekem-Gruppe* 93
11. **„Der wahre Reichtum ist Zufriedenheit"**
    SINA TRINKWALDER – *Gründerin manomama* 107
12. Hauptsache Spaß dabei 120
13. **Der Arzt in der Klemme**
    JÖRG BLETTENBERG – *Allgemeinmediziner* 125
    Nachtrag 166
14. Erschreckendes im Alltag und das Helene-Fischer-Syndrom 137
15. Grün nach oben 151
16. Am Ziel?! 163

Nachwort 168
Anmerkungen/Quellen/Hinweise 173
Dank 175
Inspirierendes für Augen, Ohren und Herz 176
Über den Autor 179

Vorwort

Im November 2012 veröffentlichte ich „Einmal Hölle und zurück – Mein Weg aus dem Burnout in ein neues Leben" als kulturelles Gemeingut. Ein Jahr später erschien es nochmals überarbeitet unter dem neuen Titel „Mein Weg aus dem Burnout – Der Stress-Falle entkommen, Lebenskunst entwickeln" als Taschenbuch im Pomaska-Brand-Verlag. Ich erzählte in meinem Werk von der spannenden Reise zu meinem wahren Selbst, die in dem Moment begann, als ich alles verlor. Mein Leben lag Ende 2008 als Trümmerhaufen zu meinen Füßen. Alles, was ich glaubte zu wissen, war in Frage gestellt. Ich hatte vergessen, wer ich war und was ich wollte.

Stattdessen schlief ich kaum eine Nacht durch und wurde von Albträumen gequält. Panikattacken drohten mein Herz aus der Brust zu reißen, wenn nur das Telefon klingelte. Die Inhalte der Gespräche vergaß ich mitunter in dem Moment, wenn ich den Hörer auflegte. Die Welt nahm ich nur noch grau wahr. Schaute ich einen lustigen Film, dachte ich, *jetzt musst du lachen*. Trotzdem verzog ich keine Miene. Kurz gesagt, ich war ein körperliches und vor allem seelisches Wrack.

Durch mein Kranksein erhielt ich jedoch die Chance, mich wieder zu finden. Denn, wollte ich gesund werden, musste ich mich von etlichen alten Mustern verabschieden. Das schuf Raum für Neues. Meine Genesungsphase erstreckte sich über mehrere Jahre, in denen ich unzählige Innenschauen hielt.

Danach ging es für mich im Wesentlichen darum, mein Denken und Fühlen mit meinem Handeln in Einklang zu bringen – privat wie auch in meinem Beruf als freier Journalist. Doch ich geriet in Konfliktsituationen, wenn ich weiterhin meinem Herzen folgen wollte. In unserer Gesellschaft und vor allem in unserem jetzigen Wirtschaftssystem gibt es etliche Hürden. Noch herrscht der Anspruch vor, unendliches Wachstum bei endlichen Ressourcen hervorbringen zu müssen. Ein Fünfjähriger kann sich ausrechnen, dass dies unmöglich ist. Dennoch müssen immer und überall Marktanteile und Umsätze gesteigert werden. Wir blähen damit das Bruttosozialprodukt zwar auf, aber die Schere zwischen Arm und Reich schließt sich dennoch nicht. Nach meinem Empfinden sollte dagegen wirtschaftliches Handeln das Gemeinwohl fördern. Und mit dieser Philosophie wollte ich mein Medienbüro betreiben.

Doch angesichts der ständigen Hindernisse wurde ich wütend. Was nützt es mir, mein wahres Selbst zu erkunden, wenn ich es anscheinend gar nicht leben kann? Doch es gab keinen Weg zurück – gegen den Gedanken, wieder in alte Muster zu fallen, wehrte sich jede Zelle meines Körpers.

Zum Glück, denn so blieb ich trotz aller Schwierigkeiten auf meinem Weg. Mehr noch, ich traf auf Menschen, denen das Gemeinwohl ebenfalls wichtig ist. Ich nenne sie die Herzensfolger.

In diesem Buch möchte ich Sie auf meine persönliche Reise mitnehmen und mit einigen Herzensfolgern bekannt machen. Glauben Sie mir, es gibt mehr von ihnen, als Sie denken!

Jens Brehl
im Juli 2015

Kapitel 1

Der Absturz

Am 12. Mai 2009 trat ich den Beweis an, dass man im Leben zwei Mal geboren werden kann. Noch vor wenigen Monaten schien mein Leben endgültig vorbei zu sein, obwohl ich erst 28 Jahre jung war. Ich erkrankte äußerst schwer am depressiven Erschöpfungssyndrom, besser bekannt unter dem Sammelbegriff „Burnout". Völlig am Ende fühlte ich mich wertlos, war in meinen Augen nur ein nutzloser Esser, der absolut nichts zur Gesellschaft beitragen konnte.

Dabei hatte das Jahr zuvor vielversprechend begonnen. Im Sommer war mir mit meinem Medienbüro der endgültige „Durchbruch" gelungen. Eine Kollegin eröffnete mir die gut bezahlte Möglichkeit, in der Kommunikation für einen Konzern mitzuarbeiten. Bis dato hatte ich mich als freier Journalist und Kommunikationsberater mit kleinen Aufträgen knapp über Wasser gehalten. Wo ich mich in meiner neuen Wohnung auch umsah, überall war die finanzielle Not allgegenwärtig. Obwohl ich seit einem Jahr hier lebte und arbeitete, stapelten sich im großen Wohnzimmer jede Menge Kartons. Die hatte ich dort beim Einzug abgestellt. Sie machten mir stumme Vorwürfe, weil ich sie nicht auspackte und deren Inhalt verstaute. Dazu fehlten mir jedoch die Möbel. Zudem hingen in den meisten Zimmern die nackten Glühbirnen von der Decke. Ging mir in meinem Heimbüro das Papier für den Drucker aus oder musste ich Alltagsgegenstände wie Rasierklingen besorgen, sparte ich mir die Einkäufe im wahrsten Sinne des Wortes von Mund ab. Wenn ich einmal in der Woche Lebensmittel einkaufte, rechnete ich mir vorher das Budget aus. Es kam häufiger vor, dass ich dazu lediglich über 15 Euro verfügte. Schließlich wollte ich ja auch noch die Strom- und Telefonrechnung bezahlen.

Das alles änderte sich schlagartig, denn ich nahm das Angebot der Kollegin dankend an. Vorerst war ich gerettet und glücklich.

Schnell schoss nicht nur mein Kontostand in die Höhe, sondern auch mein ohnehin schon großes Arbeitspensum. Ich liebte es, rund um die Uhr beschäftigt zu sein, auch wenn meine Kräfte zusehends schwanden. Davon bekam ich in meinem Schaffensrausch jedoch kaum etwas mit. Ich war ein gefragter und erfolgreicher junger Mann, was meine Müdigkeit zusätzlich unterstrich. Ja, ich fand es schick, überarbeitet zu sein. Das permanente Arbeitenwollen war für mich wie ein Drogenrausch und ständig war ich auf der Suche nach dem nächsten Kick. Selbst als mein Auftragsbuch überquoll, bewarb ich mich für neue Projekte. Meine krasse Arbeitssucht war deutlich ausgeprägt, aber ich nahm sie gar nicht war. Es fühlte sich alles normal an und fatalerweise war mein ganzes Leben von ihr bestimmt. Ohne die Arbeitssucht war ich ein Nichts, denn in meiner Abhängigkeit definierte ich meinen Selbstwert an der Menge von Aufgaben, die ich möglichst im Alleingang bewältigen konnte. Ich glaubte, meinen Platz in der Gesellschaft hart erkämpfen zu müssen. Keine Herausforderung war mir zu groß.

Als einziger positiver Nebeneffekt rückten meine finanziellen Sorgen der letzten Jahre in den Hintergrund. Ich war mir sicher, dass sie ein für alle mal Vergangenheit waren. Es stellte sich zudem ein interessantes Phänomen ein: Seitdem ich finanziell abgesichert war und im Grunde keine weiteren Aufträge benötigte, erreichten mich nahezu ohne mein Zutun weitere Anfragen. Bald verdiente ich mehrere tausend Euro im Monat, was für mich viel Geld war. Durch den mageren Verdienst der Vorjahre hatte ich einen kleinen Schuldenberg von etwa 15.000 Euro angehäuft. Dieser schmolz durch die sprudelnden Einnahmen wie ein Eiswürfel im Backofen. Das befeuerte meinen Ehrgeiz zusätzlich, denn ich wollte so bald wie möglich schuldenfrei sein. Endlich keine Sorgen mehr haben. Endlich ein freier Mensch und glücklich sein. Doch es sollte anders kommen.

Symptome wie ständige Bauchschmerzen, Schlaflosigkeit, Vergesslichkeit und Erschöpfung fingen an, zu meinen ständigen Begleitern zu werden. Anfangs versuchte ich, meinen Leistungsabfall mit noch mehr Engagement auszugleichen. *Es läuft doch alles wie am Schnürchen, jetzt bloß keinen Auftraggeber vergraulen. Reiß dich gefälligst zusammen. Du bist jung, ausruhen kannst du dich noch, wenn du tot bist.* Zudem bereitete mir die Arbeit für den Konzern den einen oder anderen moralischen Konflikt – auch wenn mir von Anfang an klar war, dass das Unternehmen die Welt nicht zu einem besseren Ort machen wollte. Zunächst freute ich mich jedoch, kreativ arbeiten und meine Schattenseiten ausleben zu können. Ich empfand es als spaßig, ein wenig „böse" sein zu dürfen. Böse in dem Sinne, dass ich mithalf, den Konzern in einem besseren Licht darzustellen, als er es aus meiner Sicht nüchtern betrachtet verdient hatte.

Einer meiner damaligen „Helden" war die Filmfigur Nick Naylor aus „Thank you for smoking". Der toughe PR-Berater ist im Auftrag der Tabaklobby die Stimme der Zigarette und sorgt für möglichst positive Berichterstattung. Natürlich würde ich persönlich nicht so weit gehen, für die Tabakindustrie zu arbeiten, und meine Sicht auf die Filmfigur war durchaus ambivalent. Einerseits verabscheute ich sein Handeln, doch mich faszinierte die kreative Energie, die Nick Naylor versprühte.

Doch es stellte sich nach wenigen Monaten heraus, dass ich moralisch weniger flexibel war als gedacht. Mich beschlich das Gefühl, der Konzern beute seine Mitarbeiter aus. Die Rendite war alles, was zählte, und man nutzte auch seinen politischen Einfluss, um für die Branche beste Voraussetzungen zu schaffen. Ich bezweifelte, das dies stets mit rechten Dingen zuging. Durch ein bestimmtes Gesetz wurde das Wachstum der Branche geradezu befeuert. Ich erfuhr, dass ein beauftragter Lobbyist den Gesetzestext maßgeblich beeinflusst hatte. Laut seiner Aussage hatte er ihn sogar selber geschrieben. Ein weiteres pikantes Detail war, dass ein ehemaliger Minister nach seiner politischen Laufbahn einen Posten im Konzernumfeld bekam.

So sehr ich mich auch bemühte, konnte ich meine Augen nicht weiter verschließen. Der innere Konflikt drohte mich zu zerreißen.

Seit meiner Jugend war ich ein kleiner Rebell und großer Idealist. Ich wollte die Welt ein Stück verbessern und durch meine Arbeit Menschen wichtige Informationen zugänglich machen. Bereits während meiner kaufmännischen Lehre war mir dies ein Herzensanliegen. So investierte ich Geld und vor allem Zeit in meine ersten Artikel. Erst Jahre später fand ich zu meiner Berufung als Journalist.

Doch spätestens mit meiner Tätigkeit für den Konzern hatte ich mich vom System fressen lassen. Ich fühlte mich als Lügner und Heuchler.

Meine Sünden wollte ich mit guten Taten ausgleichen. Ergo gab es durch die Ausgleichsarbeit noch mehr zu tun. Bis zu dem Punkt im Dezember 2008, an dem nichts mehr ging: Ich brannte bis zur leeren Hülle aus, fiel in eine tiefe depressive Phase und machte mir darüber Gedanken, wie mein Suizid aussehen könnte. Innerhalb weniger Wochen stieg ich vom Gutverdiener zum Hartz-IV-Empfänger ab. Doch schon bald bewies ich mir, dass ich noch tiefer sinken konnte, und verbrachte sieben Wochen in einer Psychosomatischen Klinik.

Mit dem 12. Mai 2009 kam der Tag der Abreise in mein neues Leben. Die Sonne schien und ich saß mit gemischten Gefühlen in der Eingangshalle der Klinik, die zeitweise zu einer zweiten Heimat für mich wurde. In dieser Taucherglocke fühlte ich mich sicher, traute mich erstmals, mein wahres Wesen tiefer zu erkunden und auch zu zeigen. Es gab viel Schatten aufzuarbeiten, doch der neue Jens gefiel mir langsam immer besser. Er war noch ängstlich und schüchtern, doch auch bereit, neue Wege zu gehen. *Was wird aus meinen guten Vorsätzen werden, wenn ich wieder zu Hause in meinem Alltag bin? Werde ich es schaffen, mein Leben wieder zu genießen, oder werde ich wieder fallen?* Meine Zukunft war ungewiss, die finanzielle Situation wieder einmal prekär, denn ich wurde als arbeitsunfähig entlassen. Ob ich jemals wieder in meinem Beruf aktiv sein konnte, stand in den Sternen, die ich noch nicht zu deuten vermochte.

Kapitel 2

Nächste Stufe Gemeinwohl

Zurück in meiner Heimatstadt Fulda waren besonders die Ungewissheit über die weitere Zukunft und die neuerliche prekäre finanzielle Situation mehr als belastend. Das Arbeitslosengeld II reichte kaum zum Leben und so musste ich mir erneut sprichwörtlich jede noch so kleine Ausgabe vom Munde absparen. Auch bei der Arbeit für den Konzern hatte ich einen Scherbenhaufen zurückgelassen. Da ich so lange wie möglich die Fassade des kompetenten und zuverlässigen Kommunikationsberaters mit aller Macht aufrecht erhielt, war es mir zum Schluss unmöglich gewesen, Hilfe zu holen und alle Arbeiten abzuschließen. Meine damalige Kollegin geriet dadurch in Schwierigkeiten und ich fühlte mich wie das letzte Schwein auf Erden, weil ich sie im Stich gelassen hatte.

Als ich versuchte, einen Teil der Scherben aufzukehren, stieß ich schon nach wenigen Sekunden an meine Grenzen. Ich sollte noch eine Aufgabe erledigen, die auf Praktikanten-Niveau lag. Doch als ich mich dazu an den Computer setzte, zitterten augenblicklich meine Hände. Wenige Minuten später brauchte ich eine erste Pause. Die Angst, einen Fehler zu machen, schnürte mir die Luft ab.

Das Gleiche galt für meinen Gesprächstermin beim Amt für Arbeit & Soziales, bei dem ich meine neue Arbeitsvermittlerin kennenlernen sollte. Sie wusste von mir, dass ich vorübergehend arbeitsunfähig war und einen siebenwöchigen Krankenhausaufenthalt hinter mir hatte. Ich schämte mich dafür in Grund und Boden und es fiel mir schwer, offen darüber zu sprechen. Tief in meinem Inneren wusste ich, dass ich noch nicht arbeiten konnte, sondern noch Zeit benötigte. *Das Amt möchte mich bestimmt so schnell wie möglich wieder loswerden und die Sachbearbeiterin wird mich daher drängen, eine Arbeit aufzunehmen* – dachte ich zumindest. Zudem hatte ich ein schlechtes Gewissen und fühlte mich elend, denn die Gemeinschaft musste mit ihren Steuern für mich aufkommen. Es fiel mir schwer, Hilfe dankbar anzunehmen. Ich glaubte, alle Hebel in Bewegung setzen zu müssen, um selber meinen Lebensunterhalt bestreiten zu können.

Doch meine neue Sachbearbeiterin entpuppte sich in diesem Sinne als Stoppschild und Glücksfall in einer Person. Ich solle auf keinen Fall ans Arbeiten denken und zunächst wieder genesen, damit ich nicht schon nach kurzer Zeit erneut erkranken würde. Ich ahnte damals noch nicht, dass diese Frau genau spürte, dass ich vor kurzem völlig ausgebrannt war. Ich rieb mir die Augen und wähnte mich schon bei der versteckten Kamera, denn mit Verständnis für meine Lage hatte ich am wenigsten gerechnet. Und dann auch noch das: Kurz darauf genehmigte sie mir ein Fernstudium. Einerseits wollte ich die Lücke in meinem Lebenslauf schließen, andererseits durch die weitere Qualifikation wieder Sicherheit gewinnen. Außerdem war mir klar, dass ich irgendwo anfangen musste, wollte ich herausfinden, ob meine Fähigkeiten zurückkehrten.

Noch während ich die ersten Lektionen des Studiums mühsam lernte, kehrten meine Fähigkeiten tatsächlich langsam zurück. Die ersten kleinen Erfolge luden mich dazu ein, weiter meine Kreativität und die Freude am Schreiben in mein Leben zurückzuholen. Bald darauf verfasste ich die ersten Artikel. Das Angebot, wieder für den Konzern zu arbeiten, schlug ich aus – obwohl ich einige Sekunden zögerte. Meine finanziellen Sorgen wären damit ad acta gelegt, doch ich erinnerte mich an meinen Schwur in der Klink: Künftig wollte ich nur noch meinem Herzen folgen und vor allem meine zweite Chance nutzen. Beruflich wollte ich nur noch Aufträge annehmen, hinter denen ich zu 100 Prozent stehen konnte und die ich als sinnvoll erachte. Dazu formulierte ich drei konkrete Fragen: Bringt mich der Auftrag persönlich weiter, führt er näher an mein wahres Selbst, meine wirklichen Wünsche, oder lenkt er mich davon ab? Nützt er auch meinen Mitmenschen, fördert er das Gemeinwohl? Sind meine Kosten gedeckt und verdiene ich Geld? Da es mir unmöglich wurde, mich erneut zu verbiegen, fiel es mir relativ leicht, meinen Vorsätzen treu zu bleiben. Ich hatte gar keine andere Wahl.

Doch bei aller Liebe fühlte ich den ständigen Druck, wirtschaftlicher denken zu müssen. Meine Einnahmen waren überschaubar, denn mein monatlicher Umsatz betrug meist nur wenige hundert

Euro. Mir war unklar, wie ich mit meinen Fähigkeiten in die Gesellschaft einzahlen konnte. Mehr und mehr zweifelte ich an dem eingeschlagenen Weg, denn während andere um mich herum Karriere machten, dümpelte ich mit meinen knapp über dreißig Jahren auf niedrigstem Niveau herum. Besonders deprimiert und beschämt war ich, als ich per Pressemitteilung erfuhr, dass ein ehemaliger Berufsschulkamerad mittlerweile in der Geschäftsführung seines ehemaligen Ausbildungsbetriebs arbeitete. Im Sinne des wirtschaftlichen Systems war ich ein Versager, denn ich hatte nichts vorzuweisen. Noch immer war ich auf externe finanzielle Hilfe angewiesen und das kotzte mich zusehends an.

Auch mein Privatleben stellte ich mir mittlerweile anders vor. Einerseits war ich froh, keine Familie versorgen zu müssen, andererseits müsste ich doch bald eine gründen, wenn ich eine haben wollte. Auch ich wurde nicht jünger – wie sollte das alles gehen? Meinem Herzen zu folgen funktionierte finanziell offensichtlich nicht.

Der beste „Beweis" war mein Manuskript „Einmal Hölle und zurück – Mein Weg aus dem Burnout in ein neues Leben". Über Monate hatte ich daran geschrieben. Mein Verstand meinte anfangs, ich würde meine Zeit verschwenden und ich müsste mich um Aufträge bemühen, damit ich Geld verdiente. Mein Herz versicherte mir dagegen, auf dem richtigen Weg zu sein, ich sollte vertrauen. Ende 2011 war ich nicht nur mal wieder pleite, sondern ich verfluchte, das Manuskript geschrieben zu haben: Absage um Absage flatterte von diversen Verlagen in meinen Briefkasten – wenn ich überhaupt eine Antwort erhielt. Niemand interessierte sich für mein Werk, bis auf ein Verlag. Der schrieb mir jedoch, dass er sich nicht trauen würde, das Buch zu veröffentlichen. Vielen Dank auch. Ich war gefrustet und wäre am liebsten die Wände hochgegangen.

Seit fast zwei Jahren bezog ich nun Arbeitslosengeld II und obwohl ich arbeitete, war ich arm. Mein Lebensentwurf war gescheitert. Ich drehte mich im Kreis, denn alle paar Monate stand ich kurz vor dem Aufgeben.

Doch wenige Monate später springt der Zündfunke endgültig über. Im Mai 2012 besuche ich die jährliche KarmaKonsum-Konferenz in Frankfurt am Main. Dieses Mal steht sie unter dem

Motto „Gemeinwohl – Ein Paradigmenwechsel in Ökonomie und Gesellschaft".[1]

Ein wohliges Kribbeln breitet sich in meinem Körper aus. Nikolay Georgiev geht auf der Bühne auf und ab. Der junge Mann ist ein Energiebündel und sein Idealismus scheint fast greifbar zu sein. Ich lasse den Blick durch das Publikum schweifen und sehe gespannte Gesichter. „Der brennt für sein Thema", meint eine junge Frau hinter mir. Nikolays Anliegen ist dermaßen simpel, dass es schon wieder genial ist: Technische Neuerungen sind meist durch Patente geschützt. Unternehmen müssen nicht nur ihre Forschungskosten finanzieren, sondern auch im harten internationalen Wettbewerb bestehen. Vielerorts werden jedoch gerade dadurch Energien verschwendet, wenn Wissen nicht geteilt wird. Im Grunde wird ständig das Rad neu erfunden, weil Lösungen entweder nicht bekannt oder die Lizenzgebühren zu hoch sind. Darüber hinaus lassen sich Unternehmen dazu verleiten, neue Entwicklungen nur schrittweise einzuführen, um jedes Mal ein neues Produkt verkaufen zu können. Dies ist oft der verzweifelte Versuch, bei gesättigten Märkten weiterhin Umsatz zu generieren und unendliches Wirtschaftswachstum bei gleichzeitig endlichen Ressourcen zu erzeugen. Zudem haben viele Hersteller kein Interesse daran, dass ihre Produkte lange genutzt und bei Bedarf einfach und kostengünstig repariert werden können. Der eingebaute frühzeitige Verschleiß ist die sogenannte „geplante Obsoleszenz". Natürlich könnte man Damenstrumpfhosen herstellen, die keine Laufmaschen bekommen, oder Küchengeräte, die nicht kurz nach Ablauf der Garantie den Geist aufgeben. Ich persönlich nutze einen Staubsauger, der mittlerweile über zwanzig Jahre alt ist und noch funktioniert wie am ersten Tag. Ein Albtraum für die Industrie!

Wir verschwenden auf diese Weise nicht nur endliche und damit wertvolle natürliche Ressourcen, sondern hinterlassen zudem riesige Mengen an giftigem Abfall. Aus menschlicher Sicht macht mich auch traurig, dass Milliarden Stunden an Lebenszeit vergeudet werden, um „Schrott" herzustellen.

Doch zurück zu Nikolays Denkansatz: Er wünscht sich ein komplett offenes Wirtschaftssystem, in welchem endlich Synergieeffekte genutzt und schädliche Handlungsweisen über Bord geworfen werden können. Tausende Anhänger dieser Open-Source-Ecology-Bewegung[2] entwickeln Maschinen – von der Ziegelpresse bin hin zum Traktor. Die Konstruktionspläne geben sie frei, so dass alle Produkte nachgebaut und an verschiedene Bedürfnisse angepasst oder verbessert werden können.

Die Innovationskraft ist enorm und in meinen Augen würde dieses offene Wirtschaftssystem eine Menge derzeit noch gefesselte Energie freisetzen. Dies sogar im wahrsten Sinne des Wortes: Nikolay erzählte von dem deutschen Projekt einer vertikalen Windturbine.[3] Sie wäre wunderbar für eine dezentrale Stromerzeugung geeignet.

Drei weitere Redner auf der KarmaKosum-Konferenz prägen mich nachhaltig: Christian Felber erzählt von der Gemeinwohl-Ökonomie, Helmut Lind als Vorstandsvorsitzender der Sparda-Bank München von der praktischen Erfahrung mit der gemeinwohlorientierten Form des Wirtschaftens und Silke Helfrich spricht über Gemeingüter. In diesem Moment wird mir klar, wie ich mit meinen Fähigkeiten in die Gesellschaft einzahlen kann: Mein Buch „Einmal Hölle und zurück – Mein Weg aus dem Burnout in ein neues Leben" werde ich als kulturelles Gemeingut veröffentlichen. Zudem möchte ich mich mit meiner Arbeit als freier Journalist und Kommunikationsberater deutlich sichtbar positionieren. Meine Themenschwerpunkte bilden ab sofort „enkeltaugliches Wirtschaften" und „gesellschaftlicher Wandel". Das Motto für mein Medienbüro ist auch bald gefunden: „Menschen inspirieren, Wandel gestalten, Beziehungen schaffen". Bislang habe ich mich noch versteckt, doch scheint jetzt für mich die Zeit gekommen zu sein, mich zu zeigen. Voller Energie und Tatendrang fahre ich zurück nach Fulda.

Als nächsten Schritt überarbeite ich mein Buchmanuskript, damit ich es so bald wie möglich zumindest als PDF veröffentlichen kann. Einen Verlag suche ich nun nicht mehr. Bis vor kurzem war ich deswegen noch vollständig blockiert und vor allem frustriert. Nun sind die Bremsen gelöst und es kann weitergehen.

Bald wird mir klar, dass ich eine neue Internetseite für mein Medienbüro benötige, um meine Angebote ansprechend zu präsentieren und mich vorzustellen. Mein jetzt für mich zuständiger Sachbearbeiter beim Amt für Arbeit & Soziales „verbietet" mir, dafür Geld auszugeben. Statt einen professionellen Internetauftritt gestalten zu lassen, soll ich selber etwas basteln. Mit dem Amt muss ich alle größeren Ausgaben absprechen. Es steht mir natürlich frei, dennoch meinen Kollegen Jens Hakenes zu beauftragen. Doch die Kosten würde das Amt nicht anerkennen. In deren Augen hätte ich das Geld niemals ausgegeben und der amtlich errechnete Betriebsgewinn wäre damit höher als der tatsächliche. Was zur Folge hätte, dass ich weniger Arbeitslosengeld ausgezahlt bekäme, dabei deckt es schon jetzt nicht meine Kosten. Kurz gesagt, ich kann es mir nicht leisten.

Doch der Schildbürger-Beamte kommt mir zu Hilfe. Das Amt bietet mir an, mich im Rahmen meiner Existenzförderung zu einer Unternehmensberaterin zu schicken. Da ich jedoch keinen Bedarf spüre und zudem nicht noch mehr Kosten verursachen möchte, lehne ich das Angebot dankend ab. Das wird mir aber negativ ausgelegt, so als würde ich mich nicht bemühen. Daher nehme ich es schließlich doch an. Es folgen mehrere Termine bei einer engagierten Unternehmensberaterin, die mir den einen oder anderen guten Tipp gibt. Ihr teile ich mit, dass ich eine professionelle Internetseite brauche und dass der Webdesigner sogar einen Freundschaftspreis machen würde. Das Amt sperre sich jedoch gegen die Ausgaben. Meine Beraterin sieht sofort ein, dass eine selbstgebastelte Lösung nicht nur mehr Zeit kostet, sondern schlicht und ergreifend unprofessionell wirkt. Sie bestätigt schließlich dem Amt gegenüber, dass ich dringend einen hochwertigen Internetauftritt benötige, und mit einem Mal ist der Weg frei. Das ganze Procedere hat nicht nur zusätzliches Honorar für die Beraterin gekostet, sondern das Projekt um mehrere Wochen verzögert.

Die intensiven Arbeiten, mein Medienbüro komplett umzukrempeln und das Ergebnis nach Außen darzustellen, gehen nun los. Mit meinem Sachbearbeiter vereinbare ich, um einen weiteren Termin bei ihm zu bitten, sobald die Internetseite fertig ist. Als es so weit ist, könnte ich weinen vor Freude: Endlich kann ich durchstarten.

KAPITEL 3

Nachtschicht bei McDonalds

Die Ankunft in der Realität ist schmerzhaft. Zunächst gut gelaunt klopfe ich an und betrete das Büro meines Sachbearbeiters beim Amt für Arbeit & Soziales. Wie vereinbart hatte ich um das persönliche Gespräch gebeten, weil meine neue Internetseite seit Kurzem online ist. Die Klarheit, mit der ich meine Ziele in mein Leben und damit auch in meinen Beruf integriert habe, ist ein wahrer Befreiungsschlag. Ich bin euphorisiert – die angestaute Energie kann endlich fließen. Auf das Gespräch habe ich mich gut vorbereitet: Zunächst möchte ich die Inhalte meiner neuen Internetseite und die weiteren Pläne zur Kundengewinnung präsentieren. Ein paar positive Nachrichten habe ich zusätzlich im Gepäck.

Wie vorher angekündigt, bittet mein Arbeitsvermittler den zweiten für mich zuständigen Sachbearbeiter zu unserem Gespräch dazu. Nummer Zwei ist für die Zahlen verantwortlich. Er bearbeitet meine Anträge und rechnet alle sechs Monate, wenn ein Bezugszeitraum endet, aus, ob ich mehr als prognostiziert verdient habe oder weniger. Im ersten Fall bekomme ich in den nächsten Monaten Geld abgezogen, im anderen Fall eine Nachzahlung. Schon seit einiger Zeit ist die Tendenz in meinen Augen eindeutig: Noch mache ich keine riesigen Sprünge, aber immerhin liege ich regelmäßig über den Prognosen und leiste die damit fälligen Rückzahlungen.

Wenige Wochen zuvor hatte ich jedoch zwei fatale Fehler begangen, die sich negativ auf das heutige Gespräch auswirken werden – auch wenn ich davon noch nichts ahne. Ich gab zunächst eine zu optimistische Prognose ab, weil ich mich durch den Druck, Ergebnisse liefern zu müssen, dazu hinreißen ließ. Daraufhin erhielt ich den Bescheid, dass mir zwar die Sozialversicherungen bezahlt würden, ich aber ansonsten kein Geld erhielt. Ich geriet in Panik, denn ich hatte zu dick aufgetragen – die in meiner Prognose eingerechneten Aufträge gab nur es in meinem Wunschdenken. Die Prognose musste unbedingt nach unten korrigiert werden und in meiner Angst beging ich gleich den nächsten Fehler. Meinem ursprünglichen Gefühl nach wollte ich eine realistische Steigerungsquote einrechnen. Demnach würde ich in etwa 400 Euro verdienen. Danach sollten die Einnahmen kontinuierlich nach oben gehen. Mein Einstieg in den Ausstieg vom Arbeitslosengeld II sollte ersichtlich werden. Doch ich ignorierte mein Bauchgefühl und hörte auf den fatalen Ratschlag einer Bekannten: Ich sollte meine Einnahmen lieber weiter nach unten rechnen, auf diese Weise würde ich mehr Arbeitslosengeld II bekommen. Zudem könnte ich bei der Kreditanstalt für Wiederaufbau (KfW) einen Förderantrag für ein Existenzgründer-Coaching stellen. Lediglich 400 Euro würde mein Eigenanteil betragen, den mir sicherlich das Amt bezahlen würde. Ich Idiot rechnete also meine künftigen Einnahmen extrem klein und bat tatsächlich beim Amt um die 400 Euro, obwohl man mir Anfang des Jahres die Dienste einer hiesigen Unternehmensberaterin bezahlt hatte.

Daher kippt das Gespräch Mitte September mit meinen beiden Sachbearbeitern recht schnell. Von meinen guten Plänen möchten sie nichts wissen und auch meine neue Internetseite interessiert sie nur am Rande, wenn überhaupt. Mal ganz ehrlich, so könne es nicht weitergehen. Meine korrigierte Prognose sei eine einzige Katastrophe und innerlich muss ich den beiden zustimmen. Würde die Prognose eintreffen, wäre das Ergebnis nach drei Jahren als Hartz-IV-Empfänger nicht nur mager, sondern ich müsse langsam mein Scheitern einsehen. Daher solle ich endlich meine „soziale Utopie" aufgeben. Aufgrund meiner Vorerkrankung kommt eine Vollzeitstelle momentan allerdings nicht in Frage. Auch ein fester Nebenjob gestaltet sich schwierig, denn ich kann meine Recherche- und andere Arbeiten nicht genau planen. Bei Interviews muss ich mich notgedrungen an den Terminen meiner Interviewpartner orientieren. Das kann morgens, mittags oder auch abends sein, sogar nachts oder am Wochenende.

Dann fällt der Satz, der mich schockiert. Ich könne doch in der Nachtschicht bei McDonalds arbeiten. Mir bleibt die Luft weg. Zunächst erkläre ich, dass mich als Vegetarier die Arbeit dort ekeln würde. Ich habe nichts gegen Menschen, die Fleisch essen – das habe ich selber jahrelang mit Genuss getan. Doch mittlerweile möchte ich selbst kein Fleisch anfassen oder zubereiten. Zudem habe ich gerade über 700 Euro in eine neue Internetseite investiert, um mich endgültig als Journalist speziell für gesellschaftliche und ökologische Themen zu positionieren. Ich frage meine Sachbearbeiter, wie meine Arbeit bei McDonalds (Massentierhaltung, gesundheitlich fragwürdige Produkte, Müllberge etc.) zu meiner konsequenten Ausrichtung passen soll.

Es ärgert mich, dass mir mein Arbeitsvermittler erklären möchte, wie meine Selbständigkeit funktionieren soll. Ausgerechnet er, der laut eigener Aussage Angst davor hat, in der freien Wirtschaft als Angestellter zu arbeiten, und deswegen Beamter geworden ist. Es entbrennt eine Grundsatzdebatte, denn Sachbearbeiter Nummer Zwei erzählt zusätzlich von seiner Lebensgefährtin, die täglich mehrere Stunden pendelt, um zu ihrer Arbeitsstelle und zurück zu gelangen. Ich frage mich im Stillen, ob sie mit ihrem Leben glücklich ist. Schließlich platzt ihm der Kragen. Sein Gesicht färbt sich rot und die Ader auf seiner Stirn zeichnet sich deutlich ab. Er sieht in mir einen totalen Leistungsverweigerer, der sich auf Kosten der Gemeinschaft ein ruhiges Leben machen will.

„Dann können wir ja gleich das bedingungslose Grundeinkommen einführen, dann geht bald niemand mehr arbeiten." Ich schlucke meine Bemerkung herunter, dass ich meine Tätigkeit liebe und nicht aufhören würde zu arbeiten. (Aber ich bezweifele stark, dass er sich jeden Tag in diesen tristen Betonbau einsperren ließe …) Es sei aber auch möglich, dass ich eine Arbeitsgelegenheit im sozialen Bereich zugeteilt bekäme. Mein Arbeitsvermittler verzieht das Gesicht, als er mir erklärt, dass darunter beispielsweise Vorlesen im Altersheim gemeint sei. Das würde ich vorziehen, doch beide Beamte sind damit nicht zufrieden. Außerdem nütze es nichts weiter zu diskutieren, es müsse eine Vereinbarung geschlossen werden, die ich hier und jetzt zu unterschreiben hätte. – Später erfahre ich bei meiner Anwältin, dass dies eine dreiste Lüge war. Ich musste gar nichts unterschreiben! Ebenso gut hätte ich das Gespräch beenden und gehen können.

Man bietet mir drei Wahlmöglichkeiten an: Ich müsse mir einen

Teilzeitjob suchen, eine Arbeitsgelegenheit für drei Stunden täglich annehmen oder einen gewissen Gewinn ausweisen. Ich unterschreibe, dass ich mich für eine dieser Varianten entscheiden und dies bis zu einem fixen Termin mitteilen werde. Wie bereits gesagt – hätte ich das nicht unterschreiben müssen! Aber ich bin mit meinen Kräften am Ende und möchte dem Tribunal endlich entfliehen.

Tatsächlich bekomme ich noch am Abend hohes Fieber und über mehrere Tage fesselt mich eine Grippe ans Bett. Da ich weiter meinem Herzen folgen möchte und ich mir sicher bin, beruflich auf dem richtigen Weg zu sein, scheiden ein Job und eine Arbeitsgelegenheit aus. Beides bringt mich in meiner Freiberuflichkeit kein Stück weiter, sondern kostet mich zusätzliche Zeit und Energie. Zudem verdiene ich mit meinem Medienbüro so viel, wie ich es bei einem Teilzeitjob tun würde – auch wenn die Einnahmen schwanken. Erfülle ich die unterschriebene Vereinbarung nicht, würde mein Arbeitslosengeld für drei Monate um 30 Prozent gesenkt.

Nun sitze ich in meinem Heimbüro und weiß nicht mehr weiter. Mein Herz ist schwer, mir ist übel und ich könnte heulen. Gehen hier wirklich in den nächsten Wochen die Lichter aus? War es doch falsch, meinem Herzen zu folgen? War alles nur Utopie? Bin ich ein Leistungsverweigerer? Nein, das auf keinen Fall. Eher bin ich ein Träumer, der sich am Gemeinwohl orientiert, und glaubt, dass dies auch honoriert wird.

Mir fällt es schwer, eine Kulturleistung in Geld auszudrücken. Es gibt etliche Dinge, die man eben nicht nach monetären Kriterien beurteilen kann. Wie im Falle einer Krankenschwester: Ich kann ihre Arbeitsstunden zählen und erfassen, wie viele Patienten sie versorgt hat. Den Wert einer ihrer aufmunternden Gesten, durch die ein Patient einen Hoffnungsschimmer erhascht, werde ich aber nicht errechnen können. Darüber hinaus wäre das komplette deutsche Rettungswesen ohne ehrenamtliches Engagement überhaupt nicht finanzierbar. Auch in anderen Bereichen sind freiwillige Helfer der Kitt, der unsere Gesellschaft zusammenhält.

Diese Überlegungen sind schön und gut, sie bringen mich aber (scheinbar) kein Stück weiter. Ich brauche einen Ausweg und den so schnell wie möglich.

Als erstes melde ich mich bei der Unternehmensberaterin, zu der mich das Amt geschickt hatte. Ihr schildere ich meine Situation. Händeringend warte ich auf ihre Antwort, die jedoch ernüchternd ausfällt. Sie kann leider nichts für mich tun. Meine Erfahrungen mit dem Amt würden das normale Procedere spiegeln, von dem die Beamten nicht abweichen dürften. Es sei wirklich eine Herausforderung, die zu mir passenden Kunden zu finden. Im ersten Moment bin ich von der Antwort mehr als enttäuscht. In meinen Augen bestätigt sie, dass ich nicht in das herkömmliche Wirtschaftssystem passe. Dabei bin ich doch kein Außerirdischer, der mit seiner fliegenden Untertasse auf diesem Planeten gelandet ist!

Ich schicke noch einen weiteren Notruf ab. Empfänger ist Johannes Gutmann, Gründer und Geschäftsführer des österreichischen Bio-Kräuter-Spezialisten *Sonnentor*. Ihm berichte ich von der großen dunklen Wolke namens Amt für Arbeit & Soziales und von der Sorge, meine Arbeit nicht mehr fortführen zu können. Schließlich möchte ich in den nächsten Wochen noch mein Buch „Einmal Hölle und zurück" als kulturelles Gemeingut veröffentlichen und weiterhin auch beruflich meinem Herzen folgen. Ich möchte nicht irgendetwas tun, sondern meine Mitmenschen inspirieren und mich dabei persönlich weiterentwickeln. Hannes engagiert sich mit seinem Unternehmen in der Gemeinwohl-Ökonomie und so hoffe ich auf seine Hilfe. Im Grunde ist mir die Anfrage auch peinlich, doch in meiner gefühlten Not weiß ich mir nicht anders zu helfen. In der Vergangenheit hatte Hannes mich bereits unterstützt: Für sein Unternehmen schrieb ich ein paar Jahre zuvor ein Kommunikationskonzept. Mit dem Honorar im Rücken konnte ich mich ein ganzes Stück entspannter den Schreibarbeiten an meinem Buch widmen. Zudem hat er mir schon zwei Mal Reisekosten spendiert.[4]

Ich schäme mich, erneut um Hilfe bitten zu müssen. Doch zwei Wochen später erhalte ich die erlösende Nachricht: Für ein Jahr möchte Hannes meine Arbeit mit monatlich 200 Euro unterstützen. Er stellt keine Forderungen oder verlangt Auskünfte, wofür ich das Geld letztendlich verwende.

Ich hatte mich bisher nicht getraut, bei ihm nachzufragen, warum er mich damals erneut gefördert hat. Im Rahmen der Schreibarbeiten für dieses Buch fasste ich mir ein Herz und holte es nach. Kurz darauf hatte ich auch schon eine Antwort in meinem E-Mail-Postfach:

„Ich habe dich unterstützt, weil ich einfach an dich und an die Zukunft glaube. Menschen wie du, mit deinen Erfahrungen, haben die Fähigkeit, andere vor ähnlichen Schicksalsschlägen zu bewahren. Du bist ein wichtiger Multiplikator für künftige, nachhaltige Lebenswege. Deshalb auch die Reiseunterstützung zu guten Veranstaltungen in diese Richtung und deine Förderung fürs Schreiben. Ich wollte dir deinen Glauben an dich selbst wiedergeben. Vertrauen von Außen stärkt das Selbstvertrauen."

Wow, ich musste schlucken. Es tat so gut, dass jemand mein Engagement nicht nur verstand, sondern es als dermaßen wichtig einschätzte.

Auch wenn ich damals die Gründe von Hannes nicht kannte, war die Entscheidung gefallen: Mit meinem Medienbüro geht es weiter.

Ende Oktober faxe ich meine neue Prognose an das Amt für Arbeit & Soziales und teile mit, dass ich mich für Variante C entscheide, für die Erhöhung des Gewinns.

Zwei Tage später schreibt mir mein Sachbearbeiter, dass die von mir gewählte Variante ausscheidet, also nicht möglich sei – obwohl meine Prognose den geforderten Gewinn ausweist. Sie erfüllt also die geforderten Kriterien und gerade deswegen zählt sie nicht. Ich solle nun mitteilen, in welchen Bereichen ich mir eine Arbeitsgelegenheit vorstellen kann – beispielsweise im Kindergarten oder im Altenheim. Der Antrag, meine Bewerbungskosten zu übernehmen, liegt dem Schreiben bei. Langsam fühle ich mich verarscht. Ernsthaft überlege ich, welche Drogen mein Sachbearbeiter nimmt. Auf jeden Fall muss er weniger nehmen.

Ich verstehe die Welt nicht mehr und befrage meine Anwältin. Auf ihren Rat hin hake ich schriftlich nach, warum meine Wahl nicht möglich sei. Zudem teile ich mit, dass ich an meiner Strategie festhalte. Wenige Tage später endet auch diese Posse. Natürlich würde ich der Teilvereinbarung mit meiner Prognose und Wahl entsprechen. Doch ich solle schon jetzt die Chance nutzen, um mir eine alternative Tätigkeit zu suchen, bevor ich unnötig unter Zugzwang stehen würde.

Mit aller Macht scheint man mir Steine in den Weg legen zu wollen. Ausgerechnet jetzt, wo ich endlich zu meiner Klarheit gefunden habe.

Mit der Unterstützung von Johannes Gutmann im Rücken konzentriere ich mich endlich wieder auf meine eigentlichen Aufgaben. Schließlich veröffentliche ich Ende November 2012 mein Buch „Einmal Hölle und zurück – Mein Weg aus dem Burnout in ein neues Leben" als E-Book unter einer Creative-Commons-Lizenz. Demnach ist es kulturelles Gemeingut und darf frei heruntergeladen und mit anderen geteilt werden. Lediglich eine kommerzielle Nutzung schließe ich aus. (Bis Mitte Januar 2015 werden 45.000 LeserInnen das Angebot angenommen und die PDF kostenfrei von meiner Internetseite geladen haben. Von diesem Erfolg ahne ich nichts, auch wenn der Start vielversprechend verläuft.)

Einige Tage später traue ich morgens meinen Augen nicht und greife zum Telefonhörer, um meinen Namensvetter Jens Hakenes anzurufen. Schon um neun Uhr sollen bereits über 400 Besucher auf meine neue Internetseite zugegriffen haben – zuvor waren es höchsten zehn am Tag. Mist, es muss ein technischer Fehler vorliegen und ich hoffe, dass Jens ihn schnell findet. Ohne meinen Kollegen und Wordpress-Experten wäre ich in technischer Hinsicht oft aufgeschmissen. Lachend erklärt er mir am Telefon, dass alles korrekt funktioniert, und ich solle einmal einen Blick auf die Download-Zahlen werfen. Jetzt schnappe ich nach Luft. Bereits über 300 Menschen haben sich mein Buch heruntergeladen, welches ich erst nicht schreiben und das nachher kein Verlag veröffentlichen wollte. Fasziniert beobachte ich eine Weile das digitale Treiben, denn im 10-Sekunden-Takt kommt ein neuer Download hinzu. Schnell finde ich auch die Ursache für das rege Interesse: Auf Osthessennews ist ein Nachrichtenbeitrag veröffentlicht worden, der auf meinem Pressetext beruht. Eineinhalb Jahre zuvor hatte ich der Redakteurin im Video-Interview von meiner Geschichte erzählt.[5]

Ich freue mich wie ein kleines Kind, denn es macht mir großen Spaß, mein Buch zu teilen. Es gibt keinen Druck, etwas verkaufen zu müssen, ich setze ganz auf das freiwillige Bezahlen. Wer meine

Arbeit finanziell unterstützen möchte, findet auf der Internetseite Bezahlmöglichkeiten. In der ersten PDF-Version sind auch noch Links auf Amazon, die ich mit einem gewissen Bauchgrummeln eingebaut habe. Tatsächlich überweisen einige LeserInnen kleine Geldbeträge und ich nehme auch etwas über die Amazon-Links[6] ein. Alles in allem sind die Einnahmen positiv ausgedrückt „überschaubar". Vor allem wenn ich bedenke, wie lange ich am Buchprojekt gearbeitet habe.

Schon bald entschließe ich mich dazu, in der zweiten PDF-Version die Links auf Amazon zu entfernen. Das Unternehmen ist aufgrund von menschenunwürdigen Arbeitsbedingungen für Leiharbeiter zu Recht in die Schlagzeilen geraten. Das öffnet mir endgültig die Augen, denn mit meinem Buch möchte ich etwas zum Positiven bewegen, meine Mitmenschen inspirieren und auch unser derzeitiges Wirtschaftssystem in Frage stellen. Ein Unternehmen wie Amazon passt nicht zu meiner Philosophie. Wenn ich ehrlich zu mir bin, dann habe ich das auch schon vorher gewusst. Im Hinterkopf gab es jedoch eine leise Stimme, die mich dazu drängte, Einnahmen zu generieren. „Aber doch nicht um jeden Preis!", gebe ich empört zurück.

Doch irgendwie hat die leise Stimme auch wieder Recht. Meine Vorliebe für das Gemeinwohl wird nämlich im Februar 2013 ihr Ende finden, wenn ich nicht den vom Amt geforderten Gewinn ausweisen kann. Und es sieht ganz danach aus, trotz der Hilfe von Johannes Gutmann. Im Dezember bin ich nervös, schlafe hin und wieder schlecht.

Dann geschieht ein Wunder. Es meldet sich eine begeisterte Leserin meines Buchs, die meine Arbeit mit 300 Euro fördern möchte. Ich bin baff und auch ein wenig geschockt. Darf ich von einer einzelnen Person so viel Geld annehmen? Ich bitte um Bedenkzeit und hole mir die Meinungen meiner Freunde und Bekannten ein. Niemand versteht meine Einwände, sondern alle sind geradezu belustigt von meiner Frage. „Mensch, da betest du ständig für ein Wunder …" Schließlich nehme ich die 300 Euro dankend an. Meine Gewinnprognose kann ich damit einhalten – zwar mit Ach und Krach, aber immerhin. Die Nachtschicht bei McDonalds ist auf jeden Fall vom Tisch.

Wenige Wochen später lädt mich das Amt für Arbeit & Soziales zu einer hausinternen Messe mit 15 Zeitarbeitsfirmen ein. Die Aufforderung ist verbindlich, wenn ich nicht belegen kann, an diesem Tag zeitlich verhindert zu sein, oder aber begründe, warum ich generell nicht teilnehmen will. Keine Ahnung, was mich bei meiner Antwort geritten hat, aber anscheinend haben mir die Erfolge der letzten Woche wieder etwas Kraft gegeben. Per Fax teile ich meinem Sachbearbeiter mit, dass ich aus gesundheitlichen Gründen keine Vollzeitstelle annehmen kann und außerdem mit meiner selbstständigen Tätigkeit mehr verdiene als in einem 400-Euro-Job. Zudem könne ich nicht erkennen, inwieweit die Leiharbeit meine Selbstständigkeit unterstützt. Ferner verweise ich auf Fernsehbeiträge meiner Kollegen aus dem öffentlich-rechtlichen Rundfunk: „Fragwürdige Quote: Warum Jobcenter die Leiharbeit pushen" und „Ausgeliefert! Leiharbeiter bei Amazon".[7]

Eine Antwort habe ich nie erhalten…

KAPITEL 4

Jetzt erst recht

Bereits 2010 versuchte mich ein Verleger für einen eigenen Blog zu begeistern, der unter seinem Dach eingebunden wäre. Damals lehnte ich aus zwei Gründen ab: Das Honorar war sehr niedrig. Doch schwerer wog meine Überzeugung, es gäbe bereits genug Blogs und die Welt hätte nicht ausgerechnet auf mich gewartet. Im Spätsommer 2013 kann ich es kaum erwarten, bis mein enkeltauglicher Medienblog „Der Freigeber"[8] endlich online geht.

Über Wochen haben Jens Hakenes und ich an diesem Projekt gearbeitet. Auch in Zukunft möchte ich freie Inhalte veröffentlichen und mich selbstbestimmt den Themen widmen, die mir am Herzen liegen. Jedes Mal zuvor war es eine Gradwanderung, wenn ich einer Redaktion ein Thema anbot. Zunächst musste ich recherchieren und ein entsprechendes Exposé erstellen. Dabei gab es zwei Risiken: Ich hatte zu wenig Zeit investiert und konnte das Thema deswegen nicht gut genug darstellen. Im Umkehrschluss konnte ich auch zu viel Zeit mit der Recherche verbringen, nur um festzustellen, dass der Beitrag für die Redaktion generell uninteressant ist. Egal wie, die Idee würde in der Schublade landen. Durch das Veröffentlichen meines Buchs zunächst als kulturelles Gemeingut hatte ich erfahren, wie befreiend es ist, ohne Verkaufsdruck agieren zu können.

Ein Beispiel von vielen: Bereits seit langem wollte ich Martin Exner, Autor von „Ausgeklinkt – Volksvertreter ohne Volk" und ehemaliger hessischer Landesvorsitzender der eher unbekannten Kleinpartei „Die Violetten" interviewen. Als ich das erste Mal auf ihn aufmerksam wurde, reihte die Piratenpartei einen (Wahl-)Erfolg an den nächsten, was man sich aus heutiger Sicht kaum noch vorstellen kann. Doch damals schien es zum Greifen nahe, dass ein frischer Wind in der Politik Einzug erhält. Mit Exner wollte ich besprechen, wie die beiden Welten „Spiritualität" und „Parteienpolitik" überhaupt harmonieren können und warum das Gemeinwohl oft anderen Interessen zum Opfer fällt. Keine Redaktion interessierte sich für meinen Interviewvorschlag, wahrscheinlich sind Exner und „Die Violetten", denen er damals noch angehörte, zu unbekannt. Alles konzentrierte sich auf die Piraten und es brauchte prominentere Köpfe. Meine Idee landete demnach in der berühmten Schublade.

Doch das Interview fand einen Weg heraus: Ich fuhr im Sommer 2013 nach Hanau und traf mich mit Martin Exner. Kurz vor der Bundestagswahl veröffentlichte ich den Beitrag *„Spiritualität in der Politik: Echte politische Veränderungen kann es nur durch kleine Parteien geben"* in meinem blutjungen Blog.[9] Wenige Tage, bevor ich nach Hanau fuhr, spendete eine weitere Leserin meines Buchs 30 Euro und deckte somit meine Fahrtkosten. „Lediglich" meine Zeit investierte ich noch; mit dem Interview vor Ort benötigte ich zwei Arbeitstage.

Mir ging es in erster Linie darum, die Eindrücke der letzten Jahre in meine Arbeit einfließen zu lassen, mein wahres Selbst zu leben und das Gemeinwohl zu fördern. Dabei landete ich immer wieder an dem Punkt, an dem ich meine Vorhaben schwer oder gar nicht finanzieren konnte. Ich hörte in mich hinein und fand eine Ursache: 2008 hatte ich so viel Geld wie noch nie verdient. Finanzielle Sorgen gab es nicht mehr, doch ich hatte eine Kröte geschluckt. Ich war in der Pressearbeit für ein Unternehmen tätig gewesen, dessen Geschäftspraktik meinen eigenen ethischen Werten zuwiderlief. Moralische Konflikte waren vorprogrammiert und unbewusst assoziierte ich Geld verdienen mit etwas Bösem.

Au weia, da hatte sich ein mächtiger Glaubenssatz verfestigt. Und eine zweite unbequeme Wahrheit kam zum Vorschein: Ich versteckte mich hinter meinem ehemaligen Burnout. Tief im Inneren hatte ich noch Versagensängste. Am meisten fürchtete ich mich davor, den Moment (wie im Dezember 2008) noch einmal zu erleben, in welchem ich glaubte, verrückt geworden zu sein. Alleine bei dem Gedanken daran lief es mir eiskalt den Rücken herunter.

Doch heute sind die Vorzeichen komplett anders. Die Freude an meinem Traumberuf habe ich wiedergefunden und ich arbeite gerne. Es gibt keinen Druck mehr, irgendetwas beweisen zu müssen. Der Glaubenssatz ich wäre nur dann ein wertvolles Mitglied der Gesellschaft und ein liebenswerter Mensch, wenn ich viel leiste, ist Geschichte. Häufig hinterfrage ich mich und suche in meinem Inneren nach Anzeichen einer Arbeitssucht. Ich kann keine mehr finden.

Ich bin davon überzeugt, dass es möglich sein muss, seinem Herzen zu folgen und gleichzeitig wirtschaftlich erfolgreich zu sein. Man nehme meinen enkeltauglichen Medienblog: Hier können Leser freiwillig für die Inhalte bezahlen und auch passende Unternehmen für maximal 50 Euro im Monat Werbung schalten. Den Betrag habe ich bewusst niedrig gehalten, um nicht von einem oder wenigen Sponsoren wirtschaftlich abhängig zu sein. Um weiter die Transparenz zu erhöhen, veröffentliche ich regelmäßig eine Liste mit allen Sponsoren.[10]

Mittelfristig möchte ich mit dem Freigeber-Blog ein zweites Standbein schaffen. Die ersten kleinen finanziellen Erfolge machen mir

Mut. Wenige Wochen nach dem Start zahlten LeserInnen freiwillig 285,65 Euro[11] und es geschah ein weiteres Wunder. In meinem E-Mail-Postfach fand ich einen Zweizeiler. „Wir würden uns gerne an Ihrem Blog als Sponsor beteiligen." Ich glaubte zu träumen. Tatsächlich schaltete die Sparda-Bank München für ein Jahr Werbung im Wert von 550 Euro.

Schon seit einiger Zeit engagierte sich das Geldhaus aktiv in der Gemeinwohl-Ökonomie. Den Vorstandsvorsitzenden Helmut Lind traf ich erstmals auf der KarmaKonsum-Konferenz 2012. Später folgte ein Interview für einen Artikel über die Gemeinwohl-Ökonomie. Hier verriet er, dass er keine andere Wahl gehabt hatte, als seinem Herzen zu folgen.[12] Mit der Sparda-Bank München hatte ich sporadischen Kontakt gehalten und informierte beispielsweise die Presseabteilung von der Veröffentlichung meines Buchs als kulturelles Gemeingut. Spätestens jetzt wurde meine neue Ausrichtung deutlich sichtbar und das Geldhaus erkannte die Parallelen zu seinem eigenen Wirtschaften.

Doch es ging noch weiter mit den Wundern: Nina Claudy, meine ehemalige Dozentin vom Fernstudium, veröffentlichte im Frühjahr 2013 ihren Debütroman „Doppelpack". Im Sommer kam ich endlich dazu, den Frauenroman zu lesen. (Seitdem wechsle ich übrigens öfter die Tischsets aus, aber das ist eine andere Geschichte.) Ich war erstaunt über die hohe Druckqualität, besonders, weil ich von dem Pomaska-Brand-Verlag noch nie gehört hatte. Also griff ich zum Telefonhörer und fragte Nina über den Verlag aus. Mein E-Book war zu diesem Zeitpunkt schon knapp 5.000 Mal heruntergeladen worden und mich erreichten immer wieder Anfragen nach einem gedruckten Buch.

Nina ermunterte mich, beim Verlag direkt anzurufen, und tatsächlich hatte ich mit Sigrid Pomaska die Chefin am Apparat. Nun war ich doch nervös und befürchtete, mein Anliegen nicht klar genug rüberbringen zu können. Doch Frau Pomaska fand nicht nur meine Geschichte interessant, sondern auch meine Vorgehensweise mit dem kulturellen Gemeingut. Dann kam der größte Stolperstein: Auch bei Vertragsabschluss sollte das ursprüngliche Manuskript als

PDF weiter frei bleiben. Nur so ist die Rechtssicherheit derer gewährleistet, die es bereits heruntergeladen haben und munter weiter teilen. Es gab bei diesem Punkt kurze Bedenken, die aber schnell ausgeräumt waren.

Ich schickte Frau Pomaska alle Informationen und die PDF-Datei. Sie las das Buch quer und entschied aus dem Bauch heraus, mich als Autor unter Vertrag zu nehmen. Gemeinsam mit Testlesern habe ich das Buch gestrafft und mehrfach überarbeitet. Anschließend erhielt es im Verlag ein Endlektorat. Mitte Dezember 2013 war es dann so weit: Unter dem neuen Titel „Mein Weg aus dem Burnout – Der Stressfalle entkommen, Lebenskunst entwickeln" war mein Buch im Handel erhältlich.[13]

Im Herbst 2013 malte ich mir nach den vielen (kleinen) Erfolgserlebnissen aus, dass ich auch beruflich weiter meinem Herzen folgen und sogar davon leben konnte. Doch immer wieder gab es kurze Phasen, in denen ich mich abschätzig als weltfremden Träumer bezeichnete. Daher hatte ich folgende Idee:

Ich werde mir auf jeden Fall treu bleiben und auch bei großen Zweifeln weiter meinen Weg gehen. Dazu möchte ich mich auf eine Reise begeben und herausfinden, wie ich meine neue Philosophie auch gewinnbringend leben kann. Ich beginne, mich stärker dafür zu interessieren, wie es anderen Herzensfolger gelingt, die zahlreichen Hürden zu meistern. Werden ihre Mühen belohnt oder bleiben sie fruchtlos? Warum geht der gesellschaftliche Wandel in meinen Augen so langsam voran? Was gibt es noch zu tun und wie können ganzheitliche Wirtschaftsweisen konkret aussehen? Sind auch andere manchmal frustriert und denken ans Aufgeben? Ich werde mich mit einigen von ihnen treffen, um hoffentlich viele Antworten zu finden. Doch wo soll ich beginnen?

Spontan fällt mir die erste Herzensfolgerin ein. Auch sie ist eine Träumerin.

COSIMA LANGE
Dokumentarfilm-Regisseurin *(Foto: Daria Smirnoff)*

KAPITEL 5

»Man kann andere nur
mit dem berühren, was aus
dem Herzen kommt«

Am Sonntagmorgen klingelt der Wecker um 6.30 Uhr. Schlagartig bin ich wach und erstaunlicherweise fühle ich mich ausgeruht. Meistens schlafe ich aus Angst, den Wecker zu überhören, unruhig, doch zum ersten Mal seit langem ist das anders. Ich bin geneigt, es als ein gutes Omen zu interpretieren, während ich bestens gelaunt unter die warme Dusche hüpfe. Ein kurzes Frühstück später steige ich in den ICE nach Berlin. Es ist Ende Oktober 2013 und ich bin froh, dass der Zug pünktlich ist. Das Schmuddelwetter hat sich nicht komplett durchsetzen können, aber es ist ein wenig frisch. Schnell finde ich einen Sitzplatz, doch zuvor werfe ich einen prüfenden Blick durch das Abteil.

Meistens, wenn ich an einem Wochenende morgens mit dem Zug verreise, dauert es nur wenige Minuten bis zum Plopp-Sprudel-Kicher-Moment: Im Herzen jung gebliebene Damen unternehmen einen Ausflug und öffnen unter großem Buhei mindestens eine Sektflasche. Die Laune steigt ebenso schnell wie der Lärm- und der Alkoholpegel. Dieses Mal scheint die Luft rein zu sein – es sind keine Sektdamen in Sicht. Ich verstaue mein Gepäck, ziehe meine Jacke aus und mache es mir bequem. Kaum haben wir den Fuldaer Bahnhof hinter uns gelassen, entschließen sich die Herren im besten Alter mir gegenüber, endlich den ersten Rotwein des Tages zu trinken. Die Pulle steht schon auf dem Tisch und wird sogleich feierlich geöffnet. Ist ja auch schon kurz nach acht Uhr! Bis Berlin werden die vier Reisegefährten zwei Flaschen geleert haben. Die Gesichtsfarbe der Weinliebhaber wird beständig kräftiger, aber die Herren bleiben friedlich und sie diskutieren angeregt im gedämpften Ton.

Ich kann es kaum erwarten, Cosima wiederzusehen. Unser letztes Treffen in Berlin ist fast auf den Tag genau eineinhalb Jahre her. Ich warte etwas ungeduldig vor dem Café, welches wir als Treffpunkt ausgewählt haben. Mein Telefon klingelt und Cosima teilt mir mit, dass sie sich etwas verspäten wird. Kein Problem, denn ich habe gar nicht damit gerechnet, dass sie pünktlich ist. Ich mache es mir auf einer Bank vor dem Schaufenster bequem und betrachte abwechselnd das Geschehen auf der Straße und die Auslagen des Cafés. Beim Anblick der in Handarbeit liebevoll hergestellten Schokoladen in Bio-Qualität fasse ich den Entschluss, ein paar Tafeln zu kaufen. In Nachhinein stellt sich heraus, dass dies eine gute Entscheidung war!

Als ich meinen Kopf wieder in Richtung der Bushaltestelle drehe, entdecke ich eine zierliche Frau. Obwohl ich ihr Gesicht noch nicht erkennen kann, weiß ich, dass es sich um Cosima handelt. Wir begrüßen uns herzlich und die junge Dokumentarfilm-Regisseurin entschuldigt sich nochmals für die Verspätung. Ich zucke mit den Schultern, denn ich habe für unser Gespräch den ganzen Nachmittag eingeplant. Ob wir zehn Minuten früher oder später anfangen, spielt für mich keine Rolle.

Mich fasziniert, wie es die junge Frau schafft, seit Jahren an ihrem Traum festzuhalten und dabei ihren Mut zu bewahren. „Pioneers of Dawn" soll ihr Dokumentarfilm über Auroville heißen.[14] Im indischen Bundesstaat Tamil Nadu gründete die Französin Mira Alfassa 1968 die universelle Stadt Auroville – zu Deutsch „Stadt der Morgenröte". Sie wollte einen Ort schaffen, den keine Nation als Eigentum deklarieren kann. Es gibt kein Oberhaupt, keine vorgeschriebene Religion, keine Polizei, keine Gefängnisse. Unsere westlichen Gesellschaften kann ich mir ohne diese Strukturen nicht vorstellen. Jedem Einwohner Aurovilles soll es möglich sein, seine Fähigkeiten zu entwickeln und frei einzubringen. Über 2.400 Menschen aus über 45 Nationen leben in diesem gesellschaftlichen Zukunftslabor und streben die hohen Ideale an. Cosima möchte in ihrem Film fünf Aurovillianer bei ihrer täglichen Gratwanderung zwischen Ideal und teilweise harter Alltagsrealität begleiten.

Bislang konnte Cosima noch keinen Fernsehsender für ihr Projekt begeistern, was jedoch wichtig ist, um Filmförderung beantragen zu können. Daher gibt es augenscheinlich noch nicht viel mehr als das Konzept, die geknüpften Kontakte und einen Trailer. Der jungen

Frau geht es nicht nur um einen bestimmten Ort, denn überall auf der Welt gibt es Menschen mit Idealen. Zu diesen zähle ich mich auch. Pioneers of Dawn interessiert mich persönlich daher brennend.

Wir nehmen im Café Platz und bestellen Getränke. Ich möchte das Interview aufnehmen und höre mich um, damit ich ein Gefühl für den uns umgebenden Geräuschpegel bekomme. Cosima spricht mit ruhiger und ausgeglichener Stimme und ich fürchte im ersten Moment, dass sie bei all dem Geschirrgeklapper und der fauchenden Kaffeemaschine ein wenig untergehen wird. Im Stillen frage ich mich zudem, ob Cosima auch mal richtig laut und wütend werden kann. Fürs Erste entscheide ich mich aber dagegen, dies in einem Experiment zu überprüfen. Dennoch möchte ich heute mehr über den Menschen Cosima erfahren.

Cosima erblickte 1976 in Hamburg das Licht der Welt und ist daher gerade einmal vier Jahre älter als ich. Der Garten ihres Elternhauses grenzte direkt an den Friedhof Ohlsdorf, einen der größten Parkfriedhöfe der Welt. Er diente der kleinen Cosima als regelmäßiger Zufluchtsort. „Mir fällt gerade auf, dass ich als Kind viel Zeit auf dem Friedhof verbracht habe", sagt Cosima lachend. „Dort war es immer so schön ruhig." Die Stille des Friedhofs besaß für Cosima vielleicht auch deswegen so eine große Anziehungskraft, weil sie „ein furchtbar schüchterner Mensch" war. „Ich wollte nicht in den Kindergarten, auf den Spielplatz und mochte auch nicht den Sankt-Martins-Umzug mit Laterne. Da waren mir immer zu viele Menschen."

Ihre Mutter Petra machte sich intensive Gedanken und wollte gerne, dass sich ihre Tochter auch unter vielen Menschen wohl fühlt. Daher meldete sie Cosima bei den Alsterspatzen an, dem Kinderchor der Hamburgischen Staatsoper. Von ihrem 10. bis zum 18. Lebensjahr sang Cosima dort im Hauptchor. Sie trat nicht nur an der heimischen Staatsoper auf, sondern bereiste zusammen mit dem Chor das Ausland. „Es war prägend, mit anderen Kulturen und Lebenseinstellungen konfrontiert zu sein."

Cosima wagte sich immer mehr aus ihrem Schneckenhaus hinaus, denn es wurde für sie nicht nur normal, mit vielen Menschen zusammen zu sein, sondern auch interessant. „Mit dem Singen war ich gezwungen, meine Schüchternheit und meine Ängste zu überwinden, und mit der Zeit gewann ich immer größere Sicherheit. Schließlich fand ich das Interesse an anderen Menschen und die Liebe zu ihnen."

Ihre Schüchternheit hat Cosima behalten, aber sie hatte durch den Chor einen Weg gefunden, besser mit ihr umzugehen. Der Plan von Mutter Petra ging demnach auf. Zum Glück, denn der Versuch, Cosimas Herz für andere Menschen beim Ballett zu öffnen, war kurz zuvor völlig in die Hose gegangen. Die kleine Cosima hatte sich schlicht geweigert, die Übungen mitzumachen. „Meine Mutter war damals deswegen sehr traurig. Beim Kinderchor war ich zwar zunächst misstrauisch, aber ich konnte mich auf das Singen viel besser einlassen. Bereits bei der ersten gesungenen Note meiner Aufnahmeprüfung habe ich mich wahnsinnig wohl gefühlt." Zudem schloss das schüchterne Mädchen schnell Freundschaften – und der Grundstein für Cosimas Interesse für fremde Kulturen wurde nachhaltig gefestigt. Die Alsterspatzen waren für sie das Tor zur Welt.

Mit dem Chor bereiste das junge Mädchen Frankreich, Italien, Spanien, Russland, die USA, Kanada und verbrachte im Alter von zwölf Jahren vier Wochen ihrer Sommerferien in Japan. Dort wirkte sie an einer Kinderoper mit. Auch Fernsehauftritte meisterte die Kleine und traf Stars wie Peter Alexander. „So einen Mann wie ihn wollte ich immer heiraten, als ich klein war", gibt Cosima lachend zu. Aber auch Freddy Quinn und Heidi Kabel begegneten Cosima. „Für mich galt es dann auch, die Scheu vor berühmten Persönlichkeiten zu verlieren, denn im Grunde waren sie auch nur normale Menschen." Die junge Cosima fand es zwar spannend, sie kennenzulernen, aber anders als ihre Chorkameraden hatte sie kein Interesse an Autogrammkarten.

„Vor Soloauftritten wäre ich fast gestorben, so aufgeregt war ich. Es war für mich schwer, wenn ich alleine auf der Bühne stand und alle Blicke auf mich gerichtet waren." Cosima wollte sich dem nicht ständig aussetzen und entschied sich gegen eine berufliche Laufbahn als Sängerin. Mit 18 Jahren trat sie aus dem Chor aus. „Durch meine Zeit dort habe ich gelernt, auf Menschen zuzugehen und wie wichtig es ist, seine Ängste zu erkennen, sie zu überwinden, aber auch seine Grenzen anzuerkennen. Ich bin heute noch in einigen Situationen zurückhaltend und habe mit dieser Eigenschaft meinen Frieden geschlossen."

Ihre Vorliebe für das Medium Film entdeckte Cosima während der Reisen mit dem Chor. Sie lernte viele interessante Menschen kennen und lebte häufig in Gastfamilien. „Die vielen unterschiedlichen Lebensweisen fand ich unglaublich faszinierend und jede einzelne Person war für mich unfassbar spannend – wenn ich mich auf sie eingelassen habe." Cosima stellte viele Fragen und erwies sich als gute Zuhörerin. „Die Menschen haben sich mir gegenüber geöffnet und erzählten mich häufig sehr persönliche Dinge über sich."

Nach dem Abitur verbrachte sie ein gutes halbes Jahr am anderen Ende der Welt in Australien, um Abstand und Klarheit zu gewinnen. Sie merkte, dass sie vorwiegend in Bildern dachte und auch die Liebe zu den Menschen einen Kanal suchte. „Im Film konnte ich dies alles umsetzen und ausleben." Fortan wollte sie an der Filmhochschule studieren und sammelte erste Erfahrungen, die dort nötig waren. Dazu absolvierte sie im Studio Hamburg ein Praktikum. Fortan war sie bei der Serie „Die Rettungsflieger" morgens die erste Person am Set und abends die letzte, die es zum Feierabend verließ.

An ihrem ersten Arbeitstag übergab der Aufnahmeleiter der Fahranfängerin ein Wohnmobil, welches als mobile Maske, Umkleide und Lagerraum diente. Zur Probe musste sie auf dem Militärgelände, welches als Drehort diente, einmal kurz im Kreis fahren. Der Aufnahmeleiter war mit Cosimas Fahrkünsten zufrieden und überließ ihr das Gefährt. „Jeden Abend musste ich das Wohnmobil mit nach Hause nehmen und dafür einen Parkplatz suchen. Manchmal sogar mit Anhänger", erzählt Cosima lachend. „Morgens holte ich mit dem Ungetüm fürs Frühstück 150 belegte Brötchen." Vier interessante Monate – wobei Cosima „interessant" mit einem langen „i" ausspricht – waren die Folge. Sie lernte die einzelnen Berufe und Aufgaben wie Maske, Kostüm und Lichttechnik hautnah kennen, ebenso die Kameramänner und Regisseure. Es ist das Zusammenspiel, welches Cosima besonders beeindruckte. Danach folgten Bürojobs als Produktionsassistentin für verschiedene Fernsehformate. Sie erledigte Recherchen und wohnte Castings bei. Einer ihrer Jobs führte sie zum Filmfestival in Hamburg. Hier hatte sie die Gelegenheit, hunderte von Filmen aus aller Welt zu schauen. „Die verschiedenen Handschriften und Erzählweisen der Regisseure waren faszinierend."

Sie wusste schon damals ganz klar, welche Geschichten sie erzählen wollte und auf welche Art und Weise. Dennoch bewarb sie sich für den Studiengang „Produktion" und nicht „Regie" an der Filmakademie Baden-Württemberg in Ludwigsburg und wurde auch angenommen. Während des dreieinhalb Jahre dauernden Studiums produzierte sie mehrere Kurzfilme. Cosima lernte hier besonders, sich für eigene Visionen einzusetzen.

Ihr Abschlussfilm „Vakuum" war als Romantic-Science-Fiction-Thriller ein gewagtes Projekt. Zunächst konnte sich kaum jemand vorstellen, dass Science-Fiction in Deutschland möglich ist, und erst recht nicht als studentisches Projekt. Außerdem wollte die junge Frau das Projekt mit einem unbezahlten Team realisieren. Um einen hohen Standard bei den digitalen Effekten zu erreichen, ist normalerweise ein großes Budget vonnöten. Der Produktionsprofessor sagte ihr als Produzentin und dem beteiligten Regisseur, das Projekt sei unmöglich zu realisieren. Diese Aussage fuchste die junge Studentin. „Was soll das heißen, es ist unmöglich? Natürlich ist das möglich!" Die Filmakademie begriff Cosima als eine Art geschützten Ort, an dem sie sich nur sekundär um Wirtschaftlichkeit kümmern muss. Fernsehsender und Filmförderung halten sich hier zudem mit eigenen Vorgaben zurück. Wenn dort kein kreatives Ausprobieren möglich sein soll, weiß sie nicht wo sonst.

Sie blieb beharrlich, glaubte weiter an ihre Idee. Am Ende gewann sie den hessischen Rundfunk und den Südwestrundfunk. Zusätzlich nahm sie einen Privatkredit in Höhe von 15.000 Euro auf. Nach zweieinhalb Jahren war „Vakuum" fertiggestellt und läuft auch heute noch gelegentlich auf Festivals und im Fernsehen.

Als freie Autorin und Regisseurin ist sie all die Jahre der Filmakademie treu geblieben. Einen Film zu drehen, ist zeitlich aufwendig. Man weiß nie, wie und wann er fertig wird. Das macht die finanzielle Planung unglaublich schwer. Darum ist Cosima froh, zusätzlich beim Atelier Ludwigsburg-Paris, einem deutsch-französischen

Weiterbildungsprogramm für angehende Co-Produzenten, unterrichten zu können. Seit 2003 begleitet sie dort jedes Jahr achtzehn TeilnehmerInnen aus ganz Europa. Jeweils zwei Personen aus unterschiedlichen Ländern produzieren gemeinsam einen Kurzfilm für arte. Die eine Hälfte der Filme wird in Paris gedreht und die andere in Deutschland. Die Kurzfilme auf deutscher Seite betreut Cosima. Da immer sechs StudentInnen aus Deutschland stammen, sechs aus Frankreich und sechs aus anderen Ländern Europas, ist es spannend mitanzusehen, wie unterschiedliche kulturelle Vorstellungen und Herangehensweisen aufeinanderprallen. „Oft meinen zwei Teilnehmer das gleiche, drücken sich aber vollkommen unterschiedlich aus. Regelmäßig finden dann Treffen statt, an denen ich ‚übersetzen‘ muss. Wenn die nicht moderiert werden, können sie auch schnell sehr persönlich und verletzend werden."

Ihre Aufgaben machen Cosima großen Spaß und geben ihr die relative finanzielle Sicherheit, um sich ihrem Herzensprojekt Pioneers of Dawn widmen zu können.

Anfang 2007 erzählte ihr eine Freundin von Auroville. Dies sei eine Zukunftsstadt in Indien, in der Menschen aus allen Teilen der Welt fernab von allen religiösen und politischen Bekenntnissen lebten. Kurz darauf las Cosima „zufällig" einen Artikel im Magazin GEO über Auroville. Durch die dort abgedruckten Bilder gewann Cosima einen ersten und für sie wichtigen visuellen Eindruck. „In meinem Inneren fühlte ich eine unglaublich starke Anziehung. Man muss wissen, dass ich nicht nach Filmthemen suche, sondern von ihnen gefunden werde. Plötzlich sind sie da und ich möchte sie dann filmisch erforschen und ihnen auf den Grund gehen."

Im Frühjahr 2007 flog Cosima nach Auroville und blieb für vier Wochen. „Ich war das erste Mal in Indien. Als ich aus dem Flugzeug stieg, lag irgendetwas in der Luft, was sich für mich heimisch anfühlte. Ich kann das gar nicht so genau beschreiben." Mit dem Taxi ging es dann weiter. Nach drei Stunden fragte Cosima den Fahrer, wann sie endlich in Auroville ankämen. Das seien sie schon längst, war die Antwort. Erstaunt sah sich Cosima die grünen Bäume und die Natur an, die sie umgaben. *Aha, das ist ja eine spannende Zukunftsstadt – ich sehe gar keine Häuser!,* ging Cosima durch den Kopf. Selbst als sie laut Auskunft des Fahrers im Zentrum angekommen sein sollten, konnte Cosima immer noch keine menschlichen Behausungen entdecken. Doch dann tauchte das Gästehaus, vor dem das Auto schließlich anhielt, überraschend zwischen den Bäumen auf.

Am nächsten Morgen konnte sich Cosima ein Moped organisieren und mit einer kleinen Karte von Auroville startete sie ihre erste Entdeckungstour. Tatsächlich fand sie kurz danach auch die Häuser, die häufig ein wenig versteckt mitten im Grünen standen. Dieses Rätsel war fürs Erste gelöst.

Mit den Einheimischen kamen schnell offene, ehrliche und intensive Gespräche auf. Selbst als Cosima mit ihrem Moped liegen blieb, drehten sich die Gespräche beim Reifenwechsel um die Ideale von Auroville – ohne jedoch aufgesetzt oder nur rein akademisch zu wirken. „Gespräche über den Sinn des Lebens, Träume, Religion, Geld und dergleichen waren natürlich und selbstverständlich. Niemand versteckte sich hinter einer Maske, sondern teilte offen seine persönliche Geschichte."

In den nächsten Wochen lernte sie Auroville systematisch weiter kennen und traf sich mit den Ur-Aurovillianern, die sich vor mittlerweile über 40 Jahren dort ansiedelten, um ihre Träume zu leben. In alten Filmen oder auf Fotos sieht man Menschen, die Mitten in der Wüste beginnen, Bäume zu pflanzen und Häuser zu bauen. Wie stark müssen ihre Ideale und Sehnsüchte gewesen sein, dass sie so fest daran glaubten, eine Zukunftsstadt errichten zu können?

Aber auch die Gespräche mit neu Hinzugezogenen halfen Cosima, das System Auroville zu verstehen. Auch dort scheint nicht jeden Tag die Sonne und die Gratwanderung zwischen Ideal und Wirklichkeit wird beispielsweise beim Geld deutlich. Theoretisch gibt es keine Währung in Auroville, doch praktisch brauchte Cosima vor Ort auch Geld. „So wie Ideale und Utopien ausgerichtet sind, sind sie meist nicht in der Realität manifestiert." Fakt ist, dass man in Auroville keinen direkten Geldaustausch hat, sondern man eröffnet ein „Bankkonto" im Rathaus. Hier zahlte Cosima Geld ein und bekam eine Nummer zugewiesen. Im Café oder Restaurant gibt man dann seine Nummer an. „Jeder geht davon aus, dass alle so ehrlich sind, ihre richtige Kontonummer aufzuschreiben. Die Ausgaben werden dann einfach abgebucht. Und die Preise sind übrigens wahnsinnig günstig." Geliehenes Geld half Cosima anfangs, alles bezahlen zu können.

Insgesamt hat Cosima mittlerweile über ein Jahr in Auroville verbracht. In ihrem Film möchte sie fünf Menschen in ihrem Alltag begleiten und die Gründe vorstellen, warum sie sich für ein Leben in Auroville entschieden haben. „Ich möchte ihre Perspektiven kennenlernen und in ihr Leben eintauchen. Zudem wünsche ich mir, dass Auroville mehr ins öffentliche Bewusstsein gerät." Dabei will Cosima den Ort nicht journalistisch beleuchten und darstellen, was dort funktioniert und was nicht. „Das wird sich durch die Protagonisten unweigerlich von selbst erzählen." Auroville sei ein Experiment und die dürfen durchaus hin und wieder in Sackgassen führen. Hohe Ideale verwirklichen zu wollen, lädt zum Scheitern ein. „Wichtig ist, dass und wie weitergemacht wird. Es ist zudem bewundernswert, wie schnell und direkt nach einem Scheitern neue Wege eingeschlagen werden. Die Ideale von einer friedlichen Welt können viele von uns unterschreiben. Aurovilles hehreres Ziel, die Einheit in der Vielfalt zu finden, verbindet den Ort mit Menschen auf der ganzen Welt. Der Versuch, dies in der Realität zu wagen, ist unglaublich mutig und spannend."

Für Cosima war es erhellend, die Aurovillianer bei ihren Schritten zu beobachten und deren Erkenntnisse für sich selbst zu reflektieren. „Auroville hat der Welt viel zu erzählen. Mir ist es wichtig zu zeigen, dass der Ort nicht das Paradies ist, wo alle Menschen hinpilgern müssen", stellt Cosima klar. „Definitiv ist Auroville von Licht und Schatten gezeichnet. Frustration, Wut und Ego sind auch hier vorhanden." Auroville sei ein Ort, an dem vieles möglich ist, und Cosima ist überzeugt, dass wir alle ein persönliches Auroville im Herzen tragen.

Im Februar 2008 begann Cosima zusammen mit Kameramann Marcus Winterbauer und Tontechnikerin Ulla Koesterke mit den Dreharbeiten zur 40-Jahr-Feier von Auroville. Cosima war sechs Wochen vor Ort, das Team zehn Tage und an sieben Tagen wurde gedreht. Mehr konnte sich Cosima finanziell schlicht nicht leisten. Cosima war es wichtig, die 40-Jahr-Feier komplett zu dokumentieren, zu der Politiker aus aller Welt anreisten. Tausende von Menschen hatten sich zusammengefunden. Zudem führte Cosima einige Interviews mit den für den Film ausgewählten ProtagonistInnen. Aus diesem Material ist dann der erste Trailer entstanden, wobei der Schnitt nochmals drei Wochen in Anspruch nahm.

Cosima hoffte damals, die Finanzierung zu bekommen, indem sie einen Fernsehsender ins Boot holt und dann Filmförderung beantragen kann. Beides hat leider bis dato noch nicht geklappt, obwohl Cosima durchaus spannende Gespräche mit interessierten Fernsehredakteuren führte.

Natürlich ist es nicht leicht, den Ort Auroville zu zeigen. „Wir neigen oft dazu, vorschnell etwas als Sekte abzustempeln, was nicht unserem eigenen Glauben entspricht." Auroville selber wurde und wird von der UNESCO unterstützt und auch die EU fördert das Projekt. „Dies sollte eigentlich erste Grundzweifel ausräumen", meint Cosima nachdenklich. Ein weiteres Gegenargument ist die Entfernung. Einigen Redakteuren verschließt sich, was ein Ort im fernen Indien mit unserem Leben in Deutschland zu tun hat. Sie verkennen, dass es nicht nur um den Ort geht, sondern um die Ideale, die Menschen weltweit im Herzen tragen und gerne leben möchten. Auch hier in Deutschland. „Nicht umsonst treffen sich in Auroville Menschen aus über fünfundvierzig Nationen, um zu versuchen, gemeinsame Träume zu verwirklichen. Zudem wird dort nicht nur auf spiritueller Ebene gearbeitet, sondern seit Jahrzehnten die unterschiedlichsten Projekte in der Praxis umgesetzt. Angefangen bei ökologischer Landwirtschaft, Trinkwasserversorgung, Wiederaufforstung, naturnahem Bauen über Bildung, Selbstverwirklichung und einem Leben im Einklang mit der Natur. Das sind alles Themen, die uns in Deutschland aber auch als Menschheit betreffen." Zudem müsse man bedenken, dass Auroville eines der größten Bewusstseins-Projekte unserer Zeit sei.

Es gab also viel Skepsis und bei dem einen oder anderen Redakteur meinte Cosima sogar „eine Portion Frust" darüber zu spüren, anders zu leben, als man ursprünglich für sich persönlich erträumt hat. Natürlich ist es dann unangenehm, mit den Aurovillianern einen Spiegel vorgehalten zu bekommen.

Wenn Cosima von „Pioneers of Dawn" spricht, ist jedoch kein Frust in ihrer Stimme. Vielmehr ist sie nach all den Jahren immer noch vom Thema begeistert und bereit, weiterhin an ihrem Traum zu arbeiten. Wieviel Geld sie – auch in Form von eigenen unbezahlten Arbeitsstunden – inzwischen investiert hat, kann sie nicht sagen. „Ich glaube, dass ich dies nie zählen darf", sagt sie im ernsten Ton. „Sonst stellt die Zahl den Wahnsinn dar, wie ich lebe. Ich glaube nicht, dass ich mehr als einen Cent pro Stunde verdiene, selbst wenn ich meine Projekte irgendwann finanziert habe und meine investierte Lebenszeit dagegen rechne. Meine Arbeitsstunden werden in einer Kalkulation niemals auftauchen." Lediglich ihr Konzept und ihre tatsächliche Regiearbeit würde sie berechnen.

Aus finanzieller Sicht ist es also ein Irrsinn, wie Cosima ihrer Leidenschaft Ausdruck verleiht. Doch immer, wenn sie nicht weiterwusste, geschah ein Wunder und sie verfügte wieder über kleinere Geldsummen. Vor meinem inneren Auge sehe ich Cosima mit ihren Ausgaben und Einnahmen wie mit Bällen jonglieren. „Ich habe gelernt, nicht zu verzweifeln, auch wenn ich manchmal nicht wusste, wie ich die nächsten Wochen finanziell überleben soll. Wie aus dem Nichts eröffneten sich immer wieder Möglichkeiten." Dennoch drehte sich abends beim Einschlafen mitunter das Gedankenkarussell und raubte ihr den Schlaf. „Dann wende ich alle Fakten hin und her und beginne zu rechnen. In diesen Gedanken war ich schon oft über lange Zeit gefangen."

Die Familie kann Cosima finanziell nicht unterstützen. Durch eine Insolvenz haben sie alles verloren. Ersparnisse, das sich seit Generationen im Familienbesitz befindliche Elternhaus, alles war mit einem Schlag weg. „Es war für mich oft schwer, mit dieser Geldlosigkeit umzugehen."

Den Kredit für „Vakuum" hat sie mittlerweile abbezahlt, dennoch existiert eine gewisse finanzielle Unruhe. Cosima verfügt über keine nennenswerten Rücklagen und muss jeden Monat Geld verdienen. So sorgt sie sich vor einer längeren Krankheit, die mit Arbeitsausfällen verbunden ist.

Die nächsten Fragen stelle ich äußerst behutsam, denn ich begebe mich auf Glatteis. Ich gehe noch einmal ein paar Sekunden in mich, um verbale Fettnäpfchen zu vermeiden. Ja, sie hat sich ihr Leben anders vorgestellt. In ihrem heutigen Alter wollte sie finanziell abgesichert sein, eine eigene Familie gegründet und fünf Dokumentarfilme gedreht haben. „Bislang sind es nur drei." Im ernsteren Ton erzählt sie, dass sie besonders mit dem unerfüllt gebliebenen Kinderwunsch schwer zu kämpfen hatte. Viele ihrer Freunde erfreuen sich mittlerweile an ihrem Nachwuchs und Cosima vertraut auf eine Zukunft, in der auch für sie eine eigene Familie vorgesehen ist. Sie kann sich gut vorstellen, ein Kind und ihre Dokumentarfilme unter einen Hut zu bringen. Gerade Auroville wäre ein passendes Projekt.

Auch mit dem Finanzamt musste Cosima sich auseinandersetzen. Irgendwann trudelte ein Schreiben ein: Das Finanzamt „beschuldigte" sie, keine Gewinnabsichten zu verfolgen. Ihre Tätigkeit als Filmproduzentin sei aufgrund der geringen Einnahmen als Hobby einzustufen, sie könne ihre Ausgaben demnach nicht mehr steuerlich geltend machen. „Das hat mich verletzt. Was maßen sich Menschen an, über mich zu urteilen, nur weil ich keine großen Gewinne einfahre? Als wäre es meine Absicht, den ganzen Tag zu arbeiten und kaum etwas zu verdienen", sagt Cosima mit ernstem Gesicht. Cosimas Steuerberaterin beruhigte sie: Ein solches Anschreiben würde automatisch erstellt und alles wäre gar nicht so hart gemeint.

Herzensfolger müssen offensichtlich bereit sein, im Ernstfall auf finanziellen Erfolg zu verzichten. „Glücklicherweise neige ich nicht dazu, mich mit anderen Menschen zu vergleichen. Ansonsten würde ich vielleicht wahnsinnig werden, wenn ich an die Leute aus meinem Abiturjahrgang denke. Die meisten stehen in guten Berufen, haben eine Familie gegründet und sind in ihrer Heimat etabliert."

Ich erinnere mich an den Stich in meinem Herzen, als ich mich einmal mit einem Kameraden aus meiner Berufsschulklasse verglich. Dieser war mittlerweile für die Geschäftsführung seines angesehenen Lehrbetriebs tätig. Mit entsprechendem sicheren Gehalt. Ich stellte mich imaginär neben ihn, zog eine Bilanz und fühlte mich sofort als Versager. Später musste ich mir eingestehen, auf jemanden eifersüchtig zu sein, mit dem ich sicher nicht tauschen wollte.

Das Schreiben vom Finanzamt hatte Cosima dennoch veranlasst, Innenschau zu betreiben. Dabei ging sie den Fragen nach: Wo stehe ich im Leben? Bin ich auf dem richtigen Weg? Oder sollte ich lieber den Beruf wechseln? „Es ist ja nicht so, dass man im Filmbereich kein Geld verdienen kann. Ich könnte beispielsweise als Produzentin für die Werbeindustrie arbeiten. Angebote gibt es."

Hier hake ich ein und will wissen, warum sie die Angebote ausschlägt. „Dokumentarfilme wie Pioneers of Dawn zu drehen und gleichzeitig Werbung für fragwürdigen Konsum zu machen – das schließt sich in meinen Augen aus. Es fühlt sich einfach falsch an. Alleine, wenn ich daran denke, die tausendste Zahnpastasorte anpreisen zu müssen, fehlt mir jeglicher Antrieb, mich für so etwas zu engagieren. Das wäre für mich viel anstrengender, als mit einem Dokumentarfilm eine inspirierende Geschichte zu erzählen. Jeder Film hat ja auch was mit mir zu tun; ich lerne mich dadurch besser kennen und entwickle mich weiter. Mit der Werbung für Zahnpasta wird mir ein solcher Prozess nicht gelingen." Plötzlich prustet Cosima los: „Ich habe mich schon für eine Zahnpastamarke entschieden – alle anderen brauche ich sowieso nicht." Dann legt sie nach: „Komisch, auch wenn ich bei einem Dokumentarfilm nichts verdiene, bin ich dennoch hoch motiviert. Bei einem gut bezahlten Werbeauftrag kann mich das Geld als Sinnersatzprämie überhaupt nicht begeistern."

Dennoch stelle ich mir ein Engelchen und ein Teufelchen rechts und links auf Cosimas Schultern vor. Das Engelchen flüstert: „Drehe Pioneers of Dawn und inspiriere die Menschen." Das Teufelchen hält dagegen: „Ach, Papperlapapp. Mach Werbung und verdiene eine Menge Geld!" Doch in Versuchung kommt Cosima deswegen noch lange nicht. „Um sich in der Werbebranche zu bewegen, muss man ein bestimmter Typus Mensch sein. Ich bin ich – ich kann und will mich nicht verstellen. Ich liebe und lebe Dokumentarfilme von ganzem Herzen."

Wenn Cosima zurückblickt, erkennt sie einen großen Lernprozess im Umgang mit Geld: In der Kindheit und Jugend wuchs sie wohlbehütet auf und konnte sich auch sorgenfrei ihrem Studium zuwenden. Dann kam die Insolvenz und die Familie verlor mit einem

Schlag alles. „Das war für uns traumatisch. Aber wir haben gespürt, dass es dennoch weitergeht. In mir ist heute der Wunsch und der Wille, mit Dokumentarfilmen Geld zu verdienen."

Cosimas Eltern und ihr Bruder verstehen sie und unterstützen sie moralisch. Keiner von ihnen könnte sich vorstellen, einem anderen Weg zu folgen als dem des Herzens. Nur Vater Helmut ist hin und wieder betrübt darüber, dass seine Tochter einen derart steinigen Weg gewählt hat. Es müsse doch im Filmbereich auch feste Stellen geben. Er wünscht sich weniger Stolpersteine, damit seine Tochter freier leben kann. „Spätestens als meine Eltern meinen ersten Dokumentarfilm *Chamané* im Kino sahen, haben sie mich auch vom Herzen verstanden."

Als wir uns im Oktober 2013 treffen, ist es Cosima unmöglich, aktiv an „Pioneers of Dawn" zu arbeiten. Dafür dreht sie derzeit einen Dokumentarfilm über die Pianisten-Legende David Helfgott, der bereits komplett finanziert ist.

Zuvor hatte sie jedoch die Möglichkeit, noch einmal in Auroville zu drehen. Für das Format „Mädchengeschichten" zeigte Cosima im Auftrag von ZDF und 3sat das Leben der 17-jährigen Isa. Deren Großmutter ist die erste Aurovillianerin und Isa beginnt an der Schwelle zum Erwachsenwerden, vieles zu hinterfragen. Der 30-minütige Film heißt „Die Weltbürgerin".[15] „Es war für mich außerordentlich wichtig, damit wieder einen weiteren praktischen Schritt gehen zu können." Den Kontakt mit den Protagonisten hält Cosima regelmäßig aufrecht und besucht dafür Auroville immer wieder auf eigene Kosten.

Sie hat lernen müssen, dass alles seine Zeit braucht und sie nicht immer beeinflussen kann, wann Dinge sich realisieren. „Dabei stand ich schon mehrfach kurz davor, dass der Film durch einen Fernsehsender finanziert wird – und dann flog er in der letzten Redaktionssitzung wieder raus. Ich habe gelernt, es zu akzeptieren und trotzdem weiterhin meinen Traum verwirklichen zu wollen. In meinem Inneren weiß ich, dass dieser Film entsteht. Nur hatte ich wohl ein anderes Zeitbedürfnis."

Doch es war auch von Vorteil, dass der Film noch nicht gedreht wurde. Im Laufe der Zeit erhielt Cosima weitere Sichtweisen auf

Cosima Lange *(Foto: Sumit Kumar)*

Auroville, die sich als wichtig herausstellen können. Zudem entwik-kelt sich der Ort auch beständig weiter. „Ich bin mir sicher, dass ich Pioneers of Dawn umsetzen kann. Ich weiß nur noch nicht wann."

Es gibt aber auch Phasen, in denen sie sich fragt, ob sie loslassen muss. In regelmäßigen Innenschauen ergründet sie ihre Gefühle dem Filmprojekt gegenüber und stellt immer wieder fest, dass der Glaube an „Pioneers of Dawn" für sie unverändert wichtig ist. „Mein Herz sagt mir, dass ich auf dem richtigen Weg bin. Es ist nicht das Ego, welches dieses Projekt umsetzen möchte, sondern es ist tatsächlich ein Herzenswunsch."

Ich schaue auf die Uhr im Café. Unser Gespräch dauert nun schon eine ganze Weile und jetzt möchte ich eine abschließende Frage stellen: Warum ist es ihr so wichtig, ihrem Herzen zu folgen? „Entscheidungen, die man mit dem Herzen trifft, und der Weg, den man mit dem Herzen einschlägt, sind wahrhaftig. Im Rückblick würde man diejenigen Entscheidungen bereuen, die man nicht mit dem Herzen getroffen hat. Man kann arm oder reich sein, wenn man seinem Herzen folgt. Aber das ist am Ende auch gar nicht das Thema. Sondern, ob ich etwas getan habe, was mich erfüllt hat."

KAPITEL 6

Frisch aus dem Ofen

Zurück in Fulda wirkt das Gespräch mit Cosima noch eine ganze Weile nach. Ich hätte mit ein wenig mehr Frust ihrerseits gerechnet, weil „Pioneers of Dawn" für sie zur Geduldsprobe geworden ist. Aber die junge Frau macht mir auf mehreren Ebenen Mut: Sie bleibt sich selbst treu und behält ihre Herzensprojekte im Auge. Auch wie sie mit ihrer Schüchternheit Frieden geschlossen hat, beeindruckt mich.

Seit meinem endgültigen Ausbrennen sind nun schon einige Jahre vergangen. Meine Fähigkeiten zu schreiben, meine Kreativität und mein Interesse an neuen Sichtweisen sind mehr als nur zurückgekehrt. Seitdem ich mir im Klaren bin, wie mein Herzensweg aussieht, haben sie sich sogar verstärkt. Doch es sind noch Symptome übrig geblieben, die mir früher vollkommen fremd waren. Vor Terminen bin ich oft aufgeregt und Versagensängste breiten sich in mir aus. Manchmal habe ich schon Tage vorher kaum Appetit und bin dermaßen nervös, als müsste ich die Oscar-Verleihung im akzentfreien Chinesisch moderieren. In solchen Momenten neige ich dazu, mir Katastrophen auszumalen und ich muss entsprechende Gedankenschleifen bewusst unterbrechen. Es belastet mich sehr und ich würde meine Nervosität und die Ängste am liebsten mit einem Skalpell entfernen. Doch jedes Mal stelle ich mich meinen Ängsten, indem ich sie nicht verdränge, sondern „einfach" akzeptiere. Sie sind nun mal da. Wie Cosima ihre Schüchternheit immer wieder überwindet, so tue ich dies mit meinen Ängsten. Mitunter kostet das viel Kraft, doch mein Umfeld bekommt davon meist wenig mit. Es spielt sich alles in meinem Inneren ab.

Für mich heißt es regelmäßig, Grenzen zu akzeptieren, aber auch zu erweitern. Wenn ich auf mein Herz oder mein Bauchgefühl höre, kann ich gut unterscheiden, was zu tun ist. Meist geht es um den Schritt, die Angst zu überwinden, denn wenn der Termin dann stattfindet, legt sich die Nervosität automatisch. Hinterher frage ich mich jedes Mal aufs Neue, vor was ich eigentlich Angst gehabt habe – und manchmal gelingt es mir, über mich selber zu lachen. Es kann aber auch vorkommen, dass ich vor wichtigen Terminen überhaupt nicht aufgeregt, sondern vollkommen im Selbstvertrauen bin. Wie bei der Fahrt nach Berlin, um Cosima zu treffen. Drei Tage verbrachte ich in der Hauptstadt und absolvierte in der Zeit mehrere Termine, um Reisekosten zu sparen. Nervös bin ich deswegen kein Stück, sondern ich freue mich auf meine kleine Recherchereise.

Während demnach die Angst immer mal wieder anklopft, hat sich in anderen Bereichen viel verändert. – Vor meinem Burnout neigte ich dazu, mich im Fitnessstudio zu verausgaben. Obwohl der innere Einpeitscher in den letzten Jahren immer mehr von seiner Macht verloren hat, war ich dennoch mitunter streng zu mir. Im Grunde bin ich recht unsportlich, denn als Kind, Jugendlicher und junger Erwachsener habe ich nur unregelmäßig Sport betrieben. Heutzutage brauche ich einen Ausgleich zu meiner sitzenden Tätigkeit. Da das Fitnessstudio ganz in der Nähe ist, kann ich ihm jederzeit spontan einen Besuch abstatten – idealerweise zwei Mal in der Woche. Dazu muss ich häufig meinen inneren Schweinehund überwinden. Doch stets bin ich hinterher glücklich, mich bewegt und Bekannte getroffen zu haben. Ich freue mich über anregende Gespräche und genieße auch das entspannte Plaudern.

Bald erkannte ich aber, dass ich versuchte einem Ideal zu entsprechen, welches ich niemals erreichen werde. Zumindest nicht, wenn ich nicht öfter trainierte. Zu meinem Ideal gehörte es, dass ich immer fit bin und wie selbstverständlich bei den einzelnen Geräten laufend höhere Gewichte einstellen kann. Kurz: Der Spaß ging flöten und es wurde nervig. Ab einem gewissen Punkt hat es „Klick" gemacht und ich nahm den Dampf aus dem Kessel. Heute gehe ich entspannter zum Sport, freue mich, wenn es gut läuft, und ärgere mich nicht mehr, wenn ich nicht alle Übungen schaffe. Auch möchte ich nicht mehr auf Teufel komm raus die Gewichte erhöhen, sondern bediene mich eines einfachen Tricks. Wenn mir eine Übung an einem Tag leicht fällt, mache ich einfach mehr. Wenn dies regelmäßig der Fall ist, erhöhe ich das Gewicht in kleinen Schritten. Nun kann ich mich daran erfreuen, überhaupt etwas getan zu haben, ohne auf das Ergebnis zu schielen. Wie war das, der Weg ist das Ziel?

Während ich an einem Abend vor mich hin trainiere, begegne ich Sachbearbeiter Nummer Zwei vom Amt für Arbeit & Soziales. Das war der Herr mit der hervortretenden Stirnader und der Aversion gegen das bedingungslose Grundeinkommen. Zum Zeitpunkt des Treffens erhalte ich kein Arbeitslosengeld II mehr, da meine Einnahmen theoretisch ausreichen müssten, um meinen Lebensunterhalt zu tragen. Daher wurde mein Folgeantrag zwar abgelehnt, aber ich muss dennoch in wenigen Wochen meine Einnahmen offen legen. Dann entscheidet sich, ob meine Prognose eingetroffen ist. Egal wie es ausgeht, ich möchte mich vom Amt abnabeln und keinen neuen Folgeantrag stellen. Schon seit einigen Tagen drücke ich mich um einen entsprechenden Anruf bei Sachbearbeiter Nummer Zwei. Und nun treffen wir uns im Fitnessstudio. Ohne mein Zutun passiert es: Ich duze ihn. „Dich wollte ich in dieser Woche schon anrufen – ich melde mich in den nächsten Tagen bei dir." Es gäbe gute Neuigkeiten. Er scheint sich zu freuen und wie selbstverständlich duzt er mich auch. Auf dem Weg nach Hause bin ich baff. Ich spüre noch einmal in mich hinein, doch ich finde keinen Groll.

Zwei Tage später rufe ich an. Zunächst entschuldige ich mich dafür, ihn automatisch geduzt zu haben. Es sei kein Problem, wiegelt er meine Bedenken ab. Schließlich hätten wir uns ja auch privat getroffen. Augenblicklich verstehe ich, dass er nicht mein Feind ist. Während der Arbeitszeit ist er in der Rolle des Sachbearbeiters, die er scheinbar im Privatleben abstreift. Vielleicht bekommt er von seinen Vorgesetzten Druck, den er weitergibt – aber das ist reine Spekulation meinerseits.

Während meines Klinikaufenthalts riet mir eine meiner Therapeutinnen, zwischen Beruf und Privatleben zu unterscheiden. Ich solle beide Bereiche strikt trennen und mich nicht mit meiner Arbeit identifizieren. Doch schon bald erkannte ich, dass dies für mich unmöglich ist. Ich bin doch beruflich kein anderer Mensch als privat. Egal, ob ich einen Film schaue, etwas esse, mich mit Freunden unterhalte, ein Thema recherchiere oder einen Artikel schreibe, bin ich doch immer ich. Und ich identifiziere mich sehr stark mit meiner Arbeit – ohne mich ausschließlich darüber zu definieren und meinen Selbstwert zu bestimmen. Meine neu gewonnene Selbstsicherheit tut mir in vielen Situationen gut und ich habe wieder das Gefühl, auf Augenhöhe mit anderen Menschen agieren zu können.

Doch das künstliche Trennen meines Ichs in zwei unterschiedlichen Welten ist mir zuwider; es fühlt sich gar schizophren an. Nun bin ich als Freiberufler auch frei, meiner Berufung zu folgen. Dabei agiere ich nicht im luftleeren Raum, denn für mich gelten ebenso gesellschaftliche Regeln wie für andere auch. Ich kann mich nicht so frei bewegen, wie ich es gerne tun würde. Es gibt immer wieder finanzielle Hürden und so muss ich auch mit meiner Arbeit Geld verdienen. Gerade, als ich dieses Buch schreibe, nervt es mich ein wenig, zwischendurch immer wieder andere Arbeiten erledigen zu müssen. Alles „nur", damit ich eine Rechnung stellen und die Umsätze in meine Recherchen investieren kann – dabei machen mir die meisten Arbeiten auch Freude. „Die Herzensfolger" war zunächst „nur" eine meiner zahlreichen Ideen gewesen. Nun schreibe ich seit einigen Wochen ernsthaft – das bedeutet regelmäßig – am Manuskript. Dabei spüre ich ein angenehmes Kribbeln überall in meinem Körper und ich würde am liebsten meine ganze Arbeitszeit diesem Projekt widmen.

Doch zurück zu der Trennung von Beruf und Privatleben. Mein Sachbearbeiter Nummer Zwei lebt wohl so. Mir würde es an seiner Stelle auch schwer fallen, mich mit der Arbeit beim Amt zu identifizieren. Doch ich möchte nicht anmaßend sein und mich in Spekulationen verlieren. Vielleicht übt er ja auch seinen Traumberuf aus.

Wie auch immer, ich möchte mich endgültig vom Amt abnabeln und wieder auf eigenen Beinen stehen. Cosima sprach den Kernpunkt an, denn warum soll ich nicht mit meiner geliebten Tätigkeit genug Geld verdienen? Es ist an der Zeit, meine Glaubenssätze in dieser Hinsicht geradezurücken. Und ich habe auch schon eine ungefähre Idee.

Was ich tue, das mache ich mit Leidenschaft. Sämtliche Themen, mit denen ich mich beruflich beschäftige, interessieren mich wirklich. Mir geht es wie Cosima, denn ich könnte mich ansonsten kaum aufraffen, mich für etwas zu engagieren. Bisher war es so, dass sich mein Beruf auf mein Privatleben ausgewirkt hat. Wie beispielsweise meine Recherchen zu Ökothemen regelmäßig dazu führen, dass ich mein Einkaufsverhalten ändere. Doch meine neue Idee dreht den Spieß um: Ich möchte eine private Leidenschaft mit meinem Beruf verschmelzen.

Alles fing zunächst recht harmlos an. Zu Weihnachten 2012 bekam ich eine Brotbackform geschenkt, die ich mir gewünscht hatte. Warum sie auf meiner Wunschliste gelandet war, kann ich bis heute nicht sagen. Gehen wir der Einfachheit halber davon aus, dass es sich um einen inneren Impuls gehandelt hat. Der Backform lag unter anderem ein Rezept für ein Buttermilchbrot bei.[16] Bislang hatte ich nur ab und an Kekse gebacken oder eine Backmischung für Schokokuchen angerührt. Aber nun wollte ich mein Brot selber backen. Und schon der zweite Versuch gelang mir gut. Immer öfter zog der Duft von frisch Gebackenem durch meine Wohnung und ich ließ mich auch zu Backexperimenten hinreißen. Dazu fing ich an, Rezepte abzuwandeln und neue zu erfinden. Schon bald wollte ich meine Erfahrungen mit anderen Menschen teilen, fand aber keine für mich passende Plattform. Moment mal! Ich interessiere mich doch als Journalist stark für Ökothemen, zudem liebe ich gutes Essen und Bio-Lebensmittel. Die Idee zu einem weiteren Blog ist geboren.

Mein enkeltauglicher Medienblog ist zu dieser Zeit erst wenige Monate alt und ich zögere. Backrezepte finde ich im Internet massenhaft. Braucht die Welt einen neuen Blog? Ich suche weiter und blättere im Zeitschriftenhandel in Backmagazinen. Nichts spricht mich an. Entweder richtet sich das Blatt an die „typische Hausfrau", ruft zum Verzehr billigster Lebensmittel auf oder der redaktionelle Teil ist von (schlecht) versteckter Werbung infiziert. Auch die lustvolle und ökologisch nachhaltige Lebensweise fehlt mir.

In meinem Blog möchte ich niemanden zu Bio-Lebensmittel bekehren. Natürlich kann jeder die Rezepte mit konventionellen Produkten nachbacken. Doch ich möchte im ökologischen Umfeld spannende Themen bieten und mit lebendig geschriebenen Artikeln zum Reflektieren anregen.

Meine Idee bespreche ich mit Kollegen, Freunden und Bekannten. „Das musst du unbedingt machen" wechselt sich mit „Klasse Idee" ab. Also füge ich mich meinem „Schicksal", denn inzwischen habe ich schon mit zu vielen Menschen darüber gesprochen und

Sieht nicht nur gut aus, sondern schmeckt auch so. Dass ausgerechnet Backen einmal zu einem meiner liebsten Hobbys gehören würde, hätte ich nie gedacht. *(Fotos: Jens Brehl)*

will nun Taten folgen lassen. Bleibt nur noch das Problem mit dem Blognamen. Ich bitte eine gute Freundin um Hilfe. Doch bei jedem ihrer Vorschläge verziehe ich gequält das Gesicht. „Mensch, ich kann den Blog doch nicht *Brehl backt* nennen", rufe ich genervt und halte augenblicklich inne. Warum denn nicht? In den nächsten Wochen arbeiten Jens Hakenes und ich intensiv am Konzept und an der Technik. Da ich den Blog professionell gestalten möchte, investiere ich neben einem großen Bündel Arbeitsstunden auch Geld.

Nebenher schwinge ich in der Küche die Rührlöffel und backe mich durch diverse Rezepte. Doch ich frage mich auch, warum mich das Backen so fasziniert. Während ich Teig knete und Zutaten zusammensuche, gehe ich in mich. Ich muss zugeben, dass mich das Backen entspannt, denn ich bin im Hier und Jetzt. Zudem finde ich es immer wieder reizvoll, zu sehen, was passiert, wenn man unterschiedliche Lebensmittel zubereitet und miteinander kombiniert. Zudem gibt es hier kaum etwas, was ich beschleunigen könnte. Der Teig braucht seine Zeit zum Gehen und nimmt sie sich auch. In einer Zeitschrift lese ich, dass das Selbermachen auch deshalb ein Trend sei, weil wir in einer stark arbeitsteiligen Welt leben. Die meisten unserer beruflichen Aufgaben liegen in einem bestimmten Teilbereich und man könne das große Ganze daher nur schwer erfassen. Beim Backen habe ich von der Auswahl der Zutaten über das Zubereiten, das eigentliche Backen und das anschließende Genießen alles im Blick. Am Ende habe ich ein greifbares Ergebnis in der Hand, welches im Idealfall auch noch lecker ist. Darüber hinaus erkenne ich als Genussmensch, dass mein Bezug zu Ökothemen und nachhaltiger Lebensweise durch meinen Magen geht. Daher ist es im Grunde nur logisch, dass ich früher oder später mit dem Backen anfange. Und dann darf ich die Ergebnisse meiner journalistischen Arbeit sogar aufessen! Schließlich möchte ich ja nichts verkommen lassen …

Anfang Dezember 2013 schlafe ich schlecht, denn ich fürchte, einen großen Fehler begangen zu haben. Ich bin doch nicht mehr „ganz dicht", einen zweiten Blog zu starten und dafür auch noch so viel Zeit und Geld zu investieren. Im Stillen frage ich mich erneut, wie ich all das finanzieren will. Außerdem habe ich mit dem Schreiben dieses Buchs begonnen und daher schon mehr als genug zu tun. Nie und nimmer bekomme ich alles unter einen Hut. Ich wälze mich hin und her und beginne zu rechnen. Dabei überschlage ich, welche Honorare ich bald bekomme und welche Rechnungen eintrudeln werden. Mein Herz versucht mich zu beruhigen – alles sei in Ordnung. Mein Verstand verspottet mich als unrealistischen Träumer. *Du hast doch mal Kaufmann gelernt und kannst immer noch nicht rechnen!* Doch ich wische die Gegenargumente vom Tisch. In wenigen Tagen geht „Brehl backt!" online.[17] Alle Arbeiten sind abgeschlossen und jetzt noch einen Rückzieher zu machen, wäre dämlich. Das sieht auch mein Verstand ein. Jetzt heißt es wohl: Augen zu und durch.

Mitte Dezember fällt der Startschuss für meine journalistisch-kulinarische Reise. Wohin sie mich führen wird, weiß ich noch nicht. In Bezug auf dieses Buch steht meine nächste Station aber schon fest. Ich möchte erfahren, wie es ist, in zwei Welten zu leben: Einerseits beruflich im jetzigen Wirtschaftssystem verankert und gleichzeitig in der Freizeit sozial engagiert zu sein.

REINHOLD HARTMANN
Unternehmensberater *(Foto: Soziale Projekte für Gambia e.V.)*

KAPITEL 7

»Ich bin kein Weltverbesserer«

Mit wenigen Minuten Verspätung erreiche ich den Leipziger Bahnhof. Am Gleis erwarten mich Reinhold Hartmann und eine herzliche Begrüßung. Mein letzter Besuch in der Stadt liegt sechs Jahre zurück und unbewusst atme ich tief durch. So vieles hat sich verändert. Damals steckte ich noch mitten im meinem Schaffensrausch und meine Arbeitssucht hielt mich fest umklammert. Davon ahnte ich aber noch nichts. In meinen Augen hatte ich den endgültigen (finanziellen) Durchbruch geschafft und die Party konnte ewig so weitergehen. Ging sie zum Glück aber nicht!

Allzu lange möchte ich mich mit diesen Gedanken aber nicht beschäftigen, denn deswegen bin ich heute nicht in Leipzig.

Reinhold Hartmann hat sein Auto in der Nähe des Bahnhofs geparkt. Auf dem Weg zu seinem Büro deutet er immer wieder auf Sehenswürdigkeiten und geht kurz auf deren Geschichte sein. Ebenso weist mich Hartmann mit einem Kopfschütteln auf riesige Konsumtempel hin, deren Ladenketten alle deutschen Innenstädte fest im Griff zu haben scheinen. Ich sehe die gleichen Firmenschilder, die mir auch schon am Bahnhof aufgefallen sind. „Der Witz ist, dass ganz in der Nähe noch einmal dieselben Geschäfte sind", verrät mir Hartmann. Auch ich frage mich schon lange, wer das alles kaufen soll.

Bald betreten wir das Büro des Unternehmensberaters. Augenblicklich „verliebe" ich mich in die hellen und gemütlichen Räumlichkeiten im Dachgeschoss, die einmal eine Wohnung waren. Im eigentlichen Arbeitszimmer fallen durch Lichtschächte in der Decke, große Fenster und der Glastür zum Balkon viel Tageslicht. Hartmanns Schreibtisch wird von einem großen Computermonitor dominiert. Wenige Schritte daneben befindet sich ein rechteckiger Glastisch, an dem sechs Personen Platz finden. Kurz dahinter bilden zwei Sessel, eine Couch und ein niedriger Tisch eine gemütliche Sitzecke. Rechts an der Wand ist eine Küchenzeile, wo Hartmann Tee für uns kocht. Mir fällt auf, wie ruhig es ist und wie wohl ich mich fühle. Das Büro lädt zum kreativen und stressfreien Arbeiten ein. Mein Arbeitszimmer kommt mir im Gegensatz dazu richtig schäbig vor. Im Geiste male ich mir ein ähnliches Büro aus, in welchem ich in der Sitzecke mit Kollegen Besprechungen abhalte oder wir gemeinsam bei einer Tasse Tee ein wenig ausspannen.

Für das Interview wähle ich den Glastisch und Reinhold Hartmann stellt Obst und Nüsse bereit. Ich möchte heute dem Unternehmensberater auf den Zahn fühlen, inwieweit er bei seiner Arbeit für konventionell wirtschaftende Unternehmen in Gewissenskonflikte gerät. Bereits vor einigen Monaten hatte ich ihn telefonisch interviewt, weil er mit „Trans!Charity" eine Internetplattform für gemeinnützige Organisationen ins Leben gerufen hatte.[18] Daher weiß ich, dass er sich intensiv für den Verein „Social Project for The Gambia e. V." regelmäßig vor Ort in Afrika engagiert. Die Reisekosten finanziert er aus eigener Tasche, denn der Verein hat eine freiwillige Selbstverpflichtung abgegeben: Mindestens 96 Prozent aller Einnahmen werden für die Projekte – wie das Fördern von Schulen und der Gesundheit der Kinder – verwendet.

Als im Oktober 2012 im afrikanischen Gambia ein BMW X5 neben Hartmann hielt und mit laufendem Motor wartete, geriet er ins Grübeln. Auf dem Nummernschild prangte deutlich sichtbar ein UNICEF-Symbol. Zurück in seiner Heimat Leipzig fragte er auf der Facebookseite von UNICEF Deutschland, warum die Mitarbeiter mit derart teuren Fahrzeugen ausgestattet werden. „Ich wollte Klarheit, denn es hätte ja auch durchaus der Fall sein können, dass UNICEF die Fahrzeuge geschenkt bekam und sie deswegen einsetzt." Die Antwort von UNICEF erreichte Hartmann nicht, denn der Beitrag wurde wenige Stunden später gelöscht. Der Grund: Beim BMW handelte es sich um das Privatfahrzeug eines internationalen Mitarbeiters, der es gebraucht gekauft hatte. UN-Richtlinien legen fest, dass die Nummernschilder auch bei Privatautos die Organisation ausweisen, für die der Fahrzeughalter tätig ist. Aus Sicherheitsgründen bat UNICEF-Gambia, das Bild zu entfernen, und damit war auch die Antwort verschwunden.

Bei Hartmann kam aber ein Stein ins Rollen und so gründete er im April 2013 „Trans!Charity". Hier können sich Wohltätigkeits-, Umwelt- und Hilfsorganisationen präsentieren, die als gemeinnützig anerkannt sind und daher auch Spendenquittungen ausstellen können. „Das sind in erster Linie eingetragene Vereine, Stiftungen und einige wenige Unternehmen, die als gemeinnützige GmbH firmieren." Hartmann ist es wichtig, dass alle registrierten Organisationen transparent arbeiten und der Großteil der Spendengelder tatsächlich in die Projekte fließt.

Mein Gegenüber kenne ich demnach als jemanden, der mit offenen Augen durch die Welt geht und nicht lange fackelt. Darüber hinaus nehme ich ihn als Wanderer zwischen zwei Welten wahr. Schließlich arbeitet er bei allem sozialen Engagement als Berater hauptsächlich für Unternehmen, die statt des Gemeinwohls die eigene Rendite im Fokus haben. Bei begrenzten Ressourcen soll die Wirtschaftsleistung unendlich wachsen, denn auch unser aktuelles Geldsystem braucht das grenzenlose Wachstum. Doch in vielerlei Hinsicht löst es keine Probleme, sondern verstärkt sie oder ist sogar deren Ursache. Obwohl unsere Wirtschaft kontinuierlich wächst, klafft die Schere zwischen Arm und Reich immer weiter auseinander. Wertvolle Ressourcen werden verschleudert und im Gegenzug giftiger Abfall hinterlassen. Auch bei längst gesättigten Märkten müssen Unternehmen ihre Produkte verkaufen. Daher sind kurze Nutzungszeiten interessant.

Mir will es nicht einleuchten, wie Hartmann sich in diesem System einbringen kann, wenn er sich gleichzeitig stark für das Gemeinwohl engagiert. Mich würden die zwangsläufig folgenden Gewissenskonflikte zu zerreißen drohen. Ist Hartmann ein Herzensfolger mit Hindernissen? Um eben dies herauszufinden, bin ich Ende Februar 2014 nach Leipzig gereist. Nun schaut mich der Unternehmensberater an, denn er erwartet meine Fragen.

Angesichts seines Elans, seiner jungenhaft und lockeren Art fällt es mir schwer zu glauben, dass mir ein über 60 Jahre alter Mann gegenübersitzt. Reinhold Hartmann wurde 1951 zwischen Ulm und Kempten geboren, besuchte später das Gymnasium und begann im Alter von 18 Jahren eine Ausbildung zum Bankkaufmann bei der Sparkasse. In seiner Schulzeit malte und musizierte er lieber, als zu lernen. „Eigentlich wollte ich an die Kunstakademie München. Mein Vater bestand jedoch darauf, dass ich vor dem Studium einen ‚normalen' Beruf erlerne." Hartmann haderte jedoch nicht mit der beruflichen Ausbildung, sondern es gefiel ihm in der Sparkasse. „Zum ersten Mal habe ich mich dort als wertvollen Menschen wahrgenommen gefühlt." Besonders gerne erinnert er sich an eine ältere Kundin, die ihm das Sparbuch hinhielt und ihn folgendermaßen ansprach: „Herr Hartmann, würden Sie bitte die Zinsen nachtragen?" Zuvor fühlte sich Hartmann von seinen Lehrern lediglich als Depp behandelt. „Die meisten Lehrer haben sich sehr abwertend uns Schülern gegenüber verhalten." Die respektvolle Anrede tat dem jungen Mann daher im Herzen gut. „Erstmals wurde ich wertgeschätzt dafür, dass ich einfach da war."

In den Augen seines Vaters war Hartmann nur dann gut, wenn er etwas geleistet hatte. Brachte er eine Schularbeit mit der Note Zwei oder Drei nach Hause, half auch der Hinweis auf Mitschüler, die schlechter abgeschnitten hatten, nichts. „Es ist egal, was die anderen haben", war die Antwort. Wenn er jedoch eine Vier schrieb, verwies sein Vater auf Mitschüler, die eine bessere Note als sein Sohn bekommen hatten. „Ich war in den Augen meines Vaters nie gut genug." Bereits mit elf Jahren wurde dem Kind Reinhold Hartmann klar, dass er Abstand von seinem Vater brauchte, um Luft zum Atmen zu bekommen. Er hatte keine Lust mehr, seine Hausaufgaben zu machen, wenn der Vater mit dem Rohrstock in der Hand über ihn wachte. „Ich musste raus aus diesem Elternhaus." Daher überraschte er seinen Vater damit, ein Internat der De-La-Salle-Schulbrüder besuchen zu wollen, in welchem die Jüngsten auf das Leben im christlichen Orden vorbereitet wurden. Natürlich war dies nur eine clevere List, denn er hatte gar nicht vor, als Erwachsener in den Orden einzutreten. Doch vehement brachte der kleine Junge seinen Wunsch vor. Sein Kalkül: „Wenn der liebe Gott ruft, können die Eltern nicht nein sagen."

Auch vom Internat schaffte Hartmann den rechtzeitigen Absprung und absolvierte seine Lehre zum Bankkaufmann. Nach Wehrdienst und zwei Jahren als Zeitsoldat landete er nach ein paar beruflichen

Irrungen und Wirrungen (Versicherungsvertreter) wieder auf der Schulbank. Berufsbegleitend studierte er Betriebswirtschaftslehre. „Nach erfolgreichem Abschluss war mein Vater das erste Mal stolz auf mich." Im Alter von 27 arbeitete Hartmann als Assistent der Geschäftsleitung eines Baustoff-Unternehmens. Der Unternehmer selber war ein Patriarch, einerseits äußerst streng, andererseits liebevoll. Hartmann behandelte er wie seinen eigenen Sohn.

Durch einen Anwalt landete er schließlich bei der Volksbank Pforzheim. Damals hätten die Banken noch anders getickt als heute. Wenn ein Unternehmen als Kreditnehmer Schwierigkeiten hatte oder zu schnell wuchs und daher unterstützt werden musste, wurde es nicht einfach alleine gelassen. Bank und Unternehmen hätten aktiv an einer gemeinsamen Lösung gearbeitet. Und hier kam Hartmann ins Spiel. Die Kredite wurden verlängert und Hartmann in die Unternehmen geschickt. Entschieden wurde demnach nicht sofort anhand von (schlechten) Zahlen, sondern die Ursachen wurden gesucht und wenn möglich erkannte Probleme gelöst. „Dieser wertvolle Schritt fehlt heute leider. Banken treffen viel zu schnell negative Entscheidungen, wenn Zahlen in ihren Augen nicht stimmen."

Einen Tag vor Gründonnerstag 1991 besuchte der damalige Präsident der Treuhandanstalt, Detlef Rohwedder, Pforzheim. Gegen Ende der DDR wurde die Treuhandanstalt gegründet, um ehemals volkseigene Betriebe nach den Grundsätzen der freien Marktwirtschaft zu privatisieren. Vor der Versammlung der Industrie- und Handelskammer Pforzheim rief Rohwedder die anwesenden Unternehmer auf, ostdeutsche Betriebe per „Patenschaft" an die Hand zu nehmen. Rohwedder musste sich damals laut Hartmanns Erinnerungen mit Tausenden von Jungmanagern, die frisch von der Schule oder von namhaften/einschlägigen Unternehmensberatungen kamen, abplagen. Was Rohwedder jedoch brauchte, waren gestandene und erfahrene Unternehmer. Wenige Tage nach seiner Rede wurde er erschossen.

Hartmann selber hatte keinerlei Bezug zur DDR und kannte auch niemanden, der dort gelebt hatte. Dennoch empfand er Rohwedders Worte als Aufruf, an einem geschichtlichen Prozess, nämlich die DDR-Wirtschaft zu integrieren, mitzuwirken und seinen Beitrag zu leisten. Er schrieb als selbständiger Unternehmensberater an die Treuhandgesellschaft und bot an, für ein bis zwei Tage in der Woche ehemalige Volksbetriebe in Form einer Patenschaft zu betreuen. Heute würde man dies Interim-Management nennen.

Hartmann verschlug es daher nach Leipzig. Doch bereits bei seinem ersten Auftrag kam er schnell an seine Grenze und erstmals in seinem beruflichen Leben drohte er zu scheitern – nicht am fehlenden Fachwissen oder Können, sondern er entdeckte eine Vielzahl an Unregelmäßigkeiten. Die Treuhandgesellschaft unterstützte Hartmann nicht, diese aufzuklären – im Gegenteil. Er hatte das Gefühl, dass sogar aktiv gegen ihn gearbeitet wurde. Die von ihm entdeckten Fehlentwicklungen sollten anscheinend nicht publik werden. Bevor er jedoch das Handtuch warf, gab es einen Chefwechsel. Unangemeldet tauchte Hartmann beim Antrittsbesuch des neuen Vorgesetzten auf. Diesen konnte Hartmann gemeinsam mit tatkräftiger Hilfe der Mitarbeiter davon in Kenntnis setzen, dass in der von ihm betreuten Firma Kommissionsware schwarz verkauft und später als Diebstahl gemeldet wurde. Ein hochrangiger Mitarbeiter der Treuhandanstalt hatte zum Beispiel seine Leipziger Wohnung mit dem „Diebesgut" ausstatten lassen. Hartmann hatte in ein Wespennest gestochen, die Drahtzieher mussten das Unternehmen verlassen.

Durch diese Aktion hatte er seinen Stempel weg und fühlte sich als „Retter der Gerechten". Jetzt fand er sich in unterschiedlichen Feuerwehreinsätzen wieder und deckte dabei insgesamt Unregelmäßigkeiten von rund 4,5 Millionen Mark auf. Obwohl er alle Vorfälle juristisch würdigen und verfolgen ließ, passierte den Tätern wenig bis nichts. Vieles wurde damals mit Unwissenheit oder Dummheit entschuldigt, erinnert sich Hartmann, und die westdeutschen Drahtzieher waren über alle Berge oder schon wieder pleite. Hier spürte der Unternehmensberater am eigenen Leib, dass Gerichtsurteile oder Vergleiche nichts mit dem Recht gemein haben müssen. „Das war ein schreckliches Gefühl."

Warum hat er nicht lauter geschrieen, statt nur innerlich zu leiden, frage ich ihn. Er sah keinen Ansatzpunkt, um etwas an dem „Unrechtssystem" zu ändern. Zum einen war er zur Verschwiegenheit und Loyalität verpflichtet, zum anderen gab es so viele Unrechtsfälle wie „Pilze im Wald nach einem lauen Herbstregen".

An einen Vorfall erinnert er sich noch ganz besonders: „Einmal waren auf dem Weg von Schlachthof A nach Schlachthof B hundertachtzig Rinder verschwunden. Die sind dann halt irgendwo anders angekommen." Daraufhin erfolgte ein Anruf à la „Hartmann übernehmen Sie", da aufgebrachte Schlachter ihren westdeutschen Geschäftsführer lynchen wollten. Hartmann sprach beruhigend auf die Belegschaft ein. Kurz darauf setzten ihn ausgewählte Mitarbeiter und Mitglieder des Betriebsrats bezüglich der Geschehnisse detailliert ins Bild. Hier entdeckte der Unternehmensberater in magischen Momenten ihm bis dato unbekannte innere Fähigkeiten: Zuhören, Vermitteln und Schlichten. „Die tiefen Bindungen und der herzliche Dank vieler Ostdeutschen ermöglichten es mir erstmals, mich wirklich heimisch zu fühlen und Wurzeln zu schlagen."

Zurück in der Gegenwart frage ich mich im Geiste, warum Hartmann keine Kriminalromane schreibt. Ideen und Stoff muss er doch genug haben. Schließlich ist er in seiner Laufbahn und bei seiner Arbeit für die Treuhandanstalt einigen Kriminellen begegnet. Darüber hinaus überrascht es mich, wie offen er über seine Vergangenheit spricht, und ich spüre weder Groll nach Rachegelüste in seiner Stimme. Egal wie schwierig es für ihn war, mit dem Unrecht umzugehen, hat es ihn doch auf seinen Weg gebracht. Durch die wütenden Schlachter entdeckte er ungeahnte Talente und einen Teil seiner Berufung. Kein Wunder also, dass er in Leipzig seinen Lebensmittelpunkt gefunden hat und hier weiterhin als Unternehmensberater und Mediator tätig ist. Dabei macht er einen entspannten Eindruck, denn er rennt seinen Aufträgen nicht hinterher. Es gibt kein Höherschnellerweiter, sondern viel eher interessiert er sich für ein gutes Leben. Statussymbole sagen ihm daher wenig. Er sitzt mir im Pullover gegenüber und erzählt frei von der Leber weg. Doch ich weiß, dass ihn so manches in unserem Wirtschaftssystem wurmt.

In der Regel berät Hartmann Mittelständler mit 500 bis 1.500 Mitarbeitern. Meist geht es darum, gemeinsam neue Strategien zu entwickeln und wie sich die Unternehmen zukunftsorientiert ausrichten können. „Ich möchte keine Fassaden auf Hochglanz polieren, viel eher müssen Werte von innen heraus gelebt werden", verrät er mir. Zunächst seien Visionen nichts anderes als große Blasen, die mit Inhalt gefüllt werden müssen. Aber wie passt das alles mit ethischen Ansprüchen und Gemeinwohl zusammen? So beriet Hartmann beispielsweise ein Unternehmen aus der Gruppe eines Automobilherstellers, den ich durch seine Beteiligungen als Rüstungskonzern betrachte. Waffen fürs Gemeinwohl?

Derzeit ist Hartmann für ein Pharma-Unternehmen tätig, welches neben Medikamenten auch Impfstoffe herstellt. Ich ziehe ein wenig die Luft ein. Ethik in der Pharma-Branche? Kann eine Firma ernsthaft an kostengünstigen Medikamenten interessiert sein, die leicht herzustellen sind und die Patienten dauerhaft heilen? Oder gar an frei zugänglichen Naturheilmitteln statt patentierten Pillen? Wo sollen Gewinn und jährliche Wachstumsraten dann herkommen? Was würden die Aktionäre dazu sagen? Ist es nicht viel lukrativer, Medikamente so teuer wie möglich zu verkaufen und das möglichst an Dauerpatienten? Oder sehe ich die Welt zu sehr in schwarz und weiß und blende damit die vielen Grautöne aus?

Ich äußere meine Bedenken und Hartmann kann mich verstehen. Auch er hat manchmal seine Zweifel. Die Mitarbeiter des von ihm betreuten Pharma-Unternehmens halten sich für gute Menschen und viele sind es sicherlich auch. Doch in mancher Hinsicht meldet sich auch bei Hartmann ein ungutes Gefühl. So sprach er eine Führungskraft auf das „Schmieren" von Ärzten durch Geschenke und andere Vergünstigungen an. Sie sollen dadurch unter anderem dazu bewogen werden, bevorzugt die Medikamente des Unternehmens zu empfehlen und einzusetzen. Der angesprochene Herr bedauerte diese Vorgehensweisen, denn durch sie würde die Branche unter einem schlechten Ruf leiden. Das weltweit tätige Unternehmen selber hatte zwei Jahre zuvor verboten, Geschenke zu machen und solche entgegenzunehmen. Es sei aber ein schwerer Weg gewesen, denn die Konkurrenzunternehmen hielten an der alten Praxis fest und genossen dadurch gewisse Vorteile. Man müsse aber irgendwo anfangen, meinte die Führungskraft. „Um derartige Entscheidungen zu treffen, braucht es starke Persönlichkeiten, die leider in vielen Unternehmen fehlen", bedauert Hartmann.

Es sei zwar chic, sich gesellschaftlich zu engagieren und die Umwelt schützen zu wollen, doch meist würde dies als reines Marketing-Instrument angesehen. Vom echten Gemeinwohlstreben sei man noch meilenweit entfernt, auch wenn Hartmann lieber von Nutzwerten als vom Gemeinwohl spricht. Gerne fragt er seine Kunden, was es anderen Menschen nützt, dass es das Unternehmen gibt. Welchen Sinn und Nutzen stiftet es für die Mitarbeiter, die Kunden, die Region? Nicht immer gibt es darauf auch Antworten.

Die Geschäftsführerin eines seiner Kunden möchte gerne einen sozialen und ökologischen Wandel von innen heraus anstoßen. Die „ewig Gestrigen" der Organisation lehnen dies jedoch ab. Es gibt viele Mitarbeiter und Führungskräfte, die die Veränderung nicht mitgehen möchten. Je größer ein Schiff ist und je mehr Steuermänner es gibt, umso schwieriger ist es, einen neuen Kurs einzuschlagen. „Solange Führungskräfte nur auf ihre eigene Karriere fokussiert sind, tragen sie Scheuklappen", weiß Hartmann aus Erfahrung zu berichten. Sobald die erstrebte Position im Unternehmen erreicht ist, hören einige Führungskräfte auf, sich weiterzuentwickeln. Sie graben sich ein, denn nun heißt es, Stellung halten und verteidigen. „Die Führungskräfte bleiben dann in dem gefangen, was sie sind." Die große Gefahr: Sie wehren sich gegen sinnvolle Innovationen und verlieren den gesellschaftlichen Wandel und damit auch die Bedürfnisse der Menschen aus dem Blick. Schlimmer noch: Am liebsten stellen sie nur noch Personal ein, welches ihnen ähnlich ist, ihre Ansichten vollständig teilt und keine kritischen Fragen mehr stellt.

Zudem fehle es häufig am Reflektieren: Wer bin ich, was sind meine Fähigkeiten, wie kann ich sie entwickeln, wie sinnvoll einbringen, wo kann ich mich verbessern? Oder bin ich überhaupt der geeignete Kandidat? Laut Hartmann hängen die meisten dem Irrglauben an, Karriere funktioniere nur nach oben. Doch es geht auch seitwärts, denn man könne schließlich auch auf gleicher Höhe ein besser geeignetes Aufgabengebiet finden. „Statt auf den Dienstwagen oder das höhere Gehalt zu schielen, ist es doch wichtiger, glücklich in seinem Beruf zu sein." Dazu muss dann auch das Umfeld stimmen.

Plötzlich muss ich an Eckart von Hirschhausen denken, wie er einmal einen Pinguin beobachtete. An Land watschelt das Tier unbehol-

fen umher und wirkt dadurch schon fast wie eine Fehlkonstruktion
der Natur. Doch im Wasser bewegt es sich mit einer erstaunlichen
Eleganz, denn im nassen Element kommen seine Vorzüge zum Tragen. Oft können wir erst im richtigen Umfeld unsere Fähigkeiten
entwickeln und leben. Daher die in meinen Augen berechtigte Frage:
„Bin ich ein Pinguin in der Wüste?"

Im Gespräch merke ich, dass Hartmann und ich in vielen Punkten
die gleichen Ansichten teilen. Doch ein großer Unterschied fällt mir
schon jetzt auf. Während ich das große Ganze betrachte und gerne
in Systemen denke, konzentriert sich mein Gegenüber auf das vor
ihm Liegende. Ich könnte und wollte für einige seiner Kunden nicht
tätig sein. Doch die direkte Arbeit mit den Menschen motiviert Hartmann, weiterhin für größtenteils konventionelle Unternehmen zu
arbeiten. „Es müssen die Menschen zu mir passen. Ich wirke gerne
dort, wo ich auch direkt etwas verändern kann." Die durch deren
Arbeit eventuell entstehenden ökologischen oder sozialen Schäden
blendet er aus. Es ist eine Art Schutzmechanismus, denn das Wissen
um die großen globalen Themen und seine gefühlte Machtlosigkeit
würden ihn im täglichen Wirken eher belasten. „Ich kann nicht die
Welt verändern, ich kann nur die kleinen Dinge um mich herum
mithelfen zu verändern."

In Afrika ist das anders, denn hier kommen die Zusammenhän-
ge offener und direkter im Alltag zum Vorschein – beispielsweise in
Form von billigem Hühnerfleisch aus dem fernen Europa, wo lediglich das Brustfleisch und die Keulen verwertet werden. Wir sind
froh, unseren Abfall exportieren zu können. Doch für die Landwir-
te in Afrika ist das fatal. Das Hühnerfleisch vom Bauern ist um ein
vielfaches teurer als die Importware. In Deutschland ist vieles eher
verborgen. Wenn ich an der Tankstelle einen Schokoriegel kaufe,
sehe und spüre ich nicht, unter welchen Bedingungen der Kakao
angebaut wird. In Afrika sind viele Probleme existenzieller Natur
und daher deutlich sichtbar.

Hartmann behauptet mit Nachdruck, kein Weltverbesserer zu
sein, doch so ganz mag ich ihm das nicht glauben. In unserem Gespräch habe ich ihn als offenen Menschen empfunden, der gerne
hilft. Ich bin auch davon überzeugt, dass er heute bereit ist, neue

Wege zu gehen. Schließlich war es auch nicht vorhersehbar, dass es ihn mehrmals im Jahr nach Afrika verschlagen würde. Seiner Frau zuliebe flog er 2008 das erste Mal mit nach Gambia. Sie war in einem gemeinnützigen Verein tätig, der vor Ort eine Schule unterstützte. Den Schülern ging es zwar gut, aber Hartmann störte die Vorgehensweise des Vereins in einigen Punkten. Beispielsweise wurden Container mit gebrauchten Computern, Nähmaschinen und auch Friseurhauben nach Afrika geschickt, obwohl letztere niemand gebrauchen konnte. „Wir entsorgen unseren Müll", dachte sich Hartmann damals. Zudem beobachtete er, dass bei Baumaßnahmen an der Schule gleichzeitig das Haus des örtlichen Koordinators wuchs. Hartmann vermutete, dass einiges vom Baumaterial abgezweigt und damit nicht für den eigentlichen Zweck eingesetzt wurde. Den Unternehmensberater erinnerte dies an seine Erlebnisse bei der Treuhand. Als wenn alle diese negativen Eindrücke noch nicht ausreichen würden, fing er sich bei seiner ersten Reise auch noch eine Malaria ein. „Mit Afrika und diesem Verein wollte ich nichts mehr zu tun haben", sagt er lachend.

Doch was tut man nicht alles für seine Liebe? Trotz seiner Vorbehalte begleitete er seine Frau noch mehrmals und schließlich kam es zum Bruch mit dem Verein. „Die Menschen dort hatten ihr Herz am rechten Fleck, aber ihre Denk- und Arbeitsweise passte nicht zu uns." Gemeinsam mit einigen ehemaligen Mitgliedern gründeten er und seine Frau daher mit „Social Projects for The Gambia" einen neuen Verein.

Ein Jahr später folgte für Hartmann das alles entscheidende Schlüsselerlebnis. Ein Engländer im Rentenalter hatte in Gambia eine Schule bauen lassen, konnte sich jedoch nicht um sie kümmern. Hartmann und seine Mitstreiter trafen dort den Lehrer Yunus, der bereits zehn Jahre lang den Schulbetrieb eigenständig und professionell aufrecht erhielt. „Er hat jeden Tag ohne jegliche finanzielle Unterstützung unterrichtet, Statistiken und das Klassenbuch geführt. Diese Hingabe hat mich tief berührt." Noch auf dem Rückweg aus dem Busch sprudelten im Auto die Ideen über, wie man die Schule fördern könnte. Statt alten Konsumschrott zu verschiffen, wollten sie viel lieber die örtliche Wirtschaft mit einbeziehen. Außerdem

In der Schule: Unternehmensberater Hartmann als ehrenamtlicher Mathematiklehrer *(Foto: Soziale Projekte für Gambia e.V.)*

sollte es keine direkten Patenschaften geben, sondern die gesamte Gemeinschaft unterstützt werden. Zudem gab es mit Yunus einen zuverlässigen Partner, der mit Herzblut bei der Sache war und über den Tellerrand hinausdachte. Dem Lehrer gelang es, auch die Mütter der Schulkinder einzubeziehen. Sie nähten beispielsweise Schuluniformen oder halfen im schuleigenen Garten. Somit ist die Schule ein Teil der Gemeinschaft und keine Taucherglocke für die Kinder. Alle diese Faktoren sind Hartmann wichtig. Die Vorstellung, dass eine ehemalige Schülerin, wenn sie eines Tages selbst Mutter ist, ihren Kindern etwas vorlesen kann, treibt ihn an. Zugang zu Wissen ist in seinen Augen der wichtigste Aspekt, um perspektivisch etwas zu verändern, auch wenn er mit seinem Engagement für die Kinder und die Schule die massiven Probleme Gambias nicht lösen kann.

Doch die Rückkehr nach Deutschland fühlt sich jedes Mal aufs Neue schlimm an. Besonders wenn er sich vergegenwärtigt, mit welchen Luxusproblemen wir uns beschäftigen. „Wir streiten um Banalitäten wie die Höhe der Hecke des Nachbarn. In Gambia haben die Menschen gar keine Aufmerksamkeit für solche Nichtigkeiten. Sie wollen den nächsten Tag überleben." Der hohle Konsum widert ihn beinahe an und Nachrichten mag er schon lange nicht mehr schauen. Sein eigener Wertewandel ist voll im Gange, wobei er für sich bereits verinnerlicht hat, dass weniger oft mehr ist. „Gambia gibt mir ein neues Bewusstsein, doch dadurch bin ich noch lange kein ökologisch ganzheitlich denkender Mensch."

Wer weiß, wohin ihn sein Weg eines Tages führt. Schließlich möchte er noch einige andere seiner Ideen umsetzen. Die Erwerbsarbeit und das Geldverdienen würde er dabei nicht vermissen. Doch nun überrascht mich mein Gesprächspartner komplett: Er fürchtet sich davor zu verarmen. Ich schaue mich ungläubig in seinem Büro um und kann dem Gedankengang nicht folgen. Seine Existenzangst will mir nicht einleuchten. Vor allem, was sollen andere oder gar ich dazu sagen, die über deutlich weniger Geld verfügen? Hartmanns größter Albtraum ist es, seine Möglichkeiten, sich zu engagieren, und seine (finanzielle) Mobilität zu verlieren. Dann könnte er sich die Flüge nach Afrika und seine sonstige Freigiebigkeit für soziale Projekte nicht mehr leisten und ich sehe in seinen Augen, wie ernst diese Angst ist.

Ein Blick auf die Uhr verrät uns, dass wir unser Gespräch beenden müssen. Gleich fahre ich wieder zurück nach Fulda. Auf der Heimfahrt lasse ich unser Treffen im Geiste Revue passieren, während ich die vorbeilaufende Landschaft betrachte. Doch es wird noch fast drei Wochen dauern, bis mir auffällt, welche Saite das Gespräch mit Hartmann bei mir zum Klingen gebracht hat.

KAPITEL 8

Kassensturz

Im Hinterkopf grübele ich schon eine ganze Weile über Hartmanns Ängste vor Hartz-IV und den damit verbundenen Einschränkungen nach. An einem Samstagvormittag beschließe ich, nach längerer Zeit mal wieder zu meditieren. In den letzten Wochen hatten mich mein Alltag und meine Arbeit auf Trab gehalten. Daher vermisse ich die ruhigen Momente, ich denen ich so Manches sortieren kann. Bereits seit einigen Tagen lege ich einen aggressiv-genervten Unterton an den Tag, der mir selber nicht gefällt. Doch erst die Kombination aus dem Interview mit Reinhold Hartmann und meinem bewussten zur Ruhe kommen öffnen mir die Augen. Noch während der Meditation spüre ich, dass ich mich wie ein Tiger im Käfig fühle. Ich möchte meine Ideen und meine Kraft vollständig ausleben. Doch der finanzielle Existenzkampf verzehrt Energie und fehlende Möglichkeiten sperren mich ein. So fühlt es sich zumindest an. Kein Wunder, dass ich genervt auf Vorschläge und Hinweise jeglicher Art reagiere.

Einige meiner Ideen möchte ich nun endlich in die Tat umsetzen. So erfahre ich an einem Aushang einer Bank von einer interessanten Immobilie, die zum Verkauf steht. Sie liegt mitten im Grünen, es gibt Garagen, Werkstätten, einen großen Garten und neben Wohnräumen auch eine komplett eingerichtete Backstube. Der Strom wird mittels Wasserkraft gewonnen. Augenblicklich male ich mir aus, selber Ökostrom zu produzieren, Gemüse anzubauen, eine Backgruppe zu gründen, mit Imkern zu kooperieren und vieles mehr. Im Grunde ein schöner Traum, doch mich belastet er.

Erst seit wenigen Wochen beziehe ich kein Arbeitslosengeld II mehr und dennoch beschäftige ich mich im Geiste mit einem Projekt, für das man mindestens eine halbe Millionen Euro benötigt. *Hallo? Geht es vielleicht noch ein bisschen unrealistischer?*, maßregle ich mich. Davon unbeeindruckt sprudeln die Ideen weiter. Schließlich weihe ich Johannes Gutmann von „Sonnentor" ein und ent-

70

schuldige mich gleichzeitig dafür, ihn mit meinen „Spinnereien" zu behelligen. Doch ich muss meine Ideen loswerden, sonst platze ich noch. „Träume sind das Feuer für unser täglich Brot", schreibt er mir und ich muss zugeben, dass er damit recht hat.

Indes spitzt sich meine finanzielle Situation weiter zu. In den letzten Monaten des Jahres 2013 hatte ich es geschafft, 1.900 Euro zur Seite zu legen. Mein Plan sah vor, damit einige Monate die Miete bezahlen zu können. Für mich stellten diese 1.900 Euro nicht nur eine Menge Geld, sondern auch eine gewisse Sicherheit dar. Doch mit einem Schlag ist auch diese weg. Dabei weist der Kalender gerade mal Anfang Februar 2014 aus. Puh, das ging aber schnell. Für Miete, Steuerberater, Softwarelizenz, Stromnachzahlung musste ich früher als gedacht an meine Reserve gehen. Vielleicht hätte ich mir den Luxus einer Hausratversicherung nicht leisten sollen? Es versteht sich von selbst, dass natürlich auch noch ein Haushaltsgerät – mein heiß geliebter, aber nun leider kalt bleibender Wasserkocher – den Geist aufgegeben hat. Jetzt reicht die Reserve gerade noch für eine Mietzahlung und Lebensmittel für einen Monat. Mir wird mulmig im Magen und mit einem Schlag ist sie wieder da: Die Existenzangst. Ich darf gar nicht daran denken, dass ich Jens Hakenes noch etwas über 1.000 Euro schulde. Seine Arbeiten für meinen Medienblog habe ich noch nicht vollständig bezahlt, für den Backblog hat er noch keinen Euro gesehen. Bei dem Gedanken daran wird mir schwindelig.

Kritische Stimmen könnten mir an dieser Stelle vorwerfen, naiv zu sein und nicht rechnen zu können. Da ich ein gelernter Kaufmann bin, müsste ich doch besser mit Zahlen umgehen können. Ich frage mich, wie lange ich das noch durchhalte. Seit meinem Erkranken sind nunmehr fünf Jahre vergangen, in denen ich rechnerisch unterhalb der Armutsgrenze gelebt habe. Heute ist meine Situation in vielerlei Hinsicht besser, doch meist verdiene ich monatlich keine 1.000 Euro. Wann ich endlich mal wieder Urlaub machen kann, steht somit in den Sternen. Der letzte ist nun weit über zehn Jahre her.

Im Dezember 2013 hatte ich in drei Magazinen Artikel veröffentlicht und dafür insgesamt ein recht gutes Honorar bekommen.

Doch der Januar war auf der Einnahmenseite überschaubar. Auch der Verkauf meines Buchs „Mein Weg aus dem Burnout" war erst frisch angelaufen und die Resonanz noch nicht überwältigend. Immer öfter schaue ich daher auf den Zettel, den ich an meine Bürotür geklebt habe. „Dranbleiben, Jens. Wunder geschehen! :)" Und sie geschehen. So lässt es sich Reinhold Hartmann nicht nehmen, mir das Zugticket nach Leipzig zu bezahlen. Eigentlich möchte ich das Angebot ablehnen. Es hat schon einen faden Beigeschmack, wenn ein Journalist die Reisekosten von jemandem bezahlt bekommt, den er interviewt hat. Ich höre schon die Stimmen, die mir vorwerfen, das Interview deswegen nicht objektiv geführt zu haben. Doch bei allen Rufen aus dem Elfenbeinturm der fest angestellten (Chef-)Redakteure bleibt mir einfach keine Wahl, so sehr ich auch hin und her rechne. Zumindest bin ich so ehrlich und veröffentliche alle genutzten Presserabatte und andere Vergünstigungen.[19] Ich versichere, dass ich Reinhold Hartmann genau die Fragen gestellt habe, die ich von Anfang an zur Sprache bringen wollte. Ein Blick auf meinen aktuellen Kontostand verdeutlicht mir, dass ich das Angebot annehmen muss. Mit meinem Buchprojekt stehe ich alleine da: Noch gibt es keinen Verlag, der mein Vorhaben unterstützt.

Für kurze Zeit steigere ich mich sogar noch weiter in meine Ängste hinein, denn ich denke an meine Rente. Fast muss ich lachen: Ich bin 33 Jahre alt und fürchte mich vor der Altersarmut. Der Verstand rechnet mir vor, dass meine zu erwartende Rente nicht allzu rosig ausfallen wird, wenn ich noch etliche Jahre auf meinem jetzigen Einkommensniveau herumeiere. Irgendwie hat er recht. Zudem bleibt mir beim Blick in den Briefkasten das Lachen im Halse stecken. Die Deutsche Rentenversicherung hat mir geschrieben und teilt mir ihre Prognose mit. Sollte ich bis zum Renteneintrittsalter die Beiträge in der gleichen Höhe wie in den letzten fünf Jahren einzahlen, erwartet mich eine monatliche Rente von 278,02 Euro. Treffer und versenkt. Mit hängenden Schultern lege ich den Brief zur Seite und schaue aus dem Fenster. Bevor ich mich resigniert auf das Sofa zurückziehe, breche ich augenblicklich meine Gedankenschleifen ab. Sie bringen mich an dieser Stelle kein Stück weiter. Wer kann schon wissen, was mich in 40 Jahren erwartet? Wenn ich nur vier Jahre zurückblicke, stehe ich heute an einem Punkt, den ich mir damals nie im Leben hätte vorstellen können. Dieses Mal meine ich das in positiver Hinsicht.

Dennoch habe ich augenblicklich die Bilder von der Fuldaer Tafel im Kopf. Hier hatte ich fast zwei Jahre lang für vom Handel aussortierte Lebensmittel angestanden. Neben Langzeitarbeitslosen traf ich hier auch Menschen, die ein Leben lang (hart) gearbeitet hatten und im Alter dennoch kaum Geld besaßen. Mir läuft es eiskalt den Rücken runter. Dennoch schaffe ich es, meine Gedankengänge zu unterbrechen. Schließlich möchte ich nicht nur weiter an diesem Buch schreiben, sondern muss auch noch einen aktuellen Auftrag zu Ende bringen. Mir bleibt nichts anderes übrig, als die lähmende Angst abzuschütteln. Ebenso muss ich kurzzeitig verdrängen, dass ich mich urlaubsreif fühle. Gerne würde ich ein paar Tage wegfahren, ausruhen, mir eine neue Stadt anschauen, in der Sonne sitzen, Leckereien essen und gemütlich ein Buch lesen. In meinen Ohren klingt das nahezu paradiesisch. Doch leider habe ich dazu einfach keine Zeit, weil ich Aufträge abwickeln muss, um wieder Rechnungen stellen zu können. Selbst wenn ich über genug Zeit verfügen würde, reichen meine finanziellen Mittel einfach nicht. Wie immer ist alles knapp kalkuliert. Mir ist es seit einem Jahr nicht möglich, den defekten Laserdrucker zu ersetzen. So, jetzt ist es auch raus, warum ich schon lange keine Farbdrucke mehr erstellen kann. Ziemlich peinlich für ein Medienbüro …

Fast erliege ich sogar der Versuchung, dieses Buchprojekt abzubrechen. In meinen skeptischen Phasen fürchte ich, dass ich am Ende meiner Recherchen keine befriedigenden Antworten finden kann. Es kommt sogar so weit, dass ich mich morgens aus dem Bett quäle, mit wenig Appetit frühstücke und mich eher lustlos an die Arbeit mache. Mein Verstand möchte mir einreden, dass sich mein Tun (finanziell) niemals rechnet und ich mich lieber um neue – und vor allem bezahlte – Aufträge kümmern soll. Kurz gesagt: Alles dreht sich immer um das liebe Geld. In mir reift die Erkenntnis, dass ich unbedingt mit einem Banker sprechen muss. Aber nicht mit irgendeinem. Ich muss nach München.

HELMUT LIND
Vorstandsvorsitzender *(Foto: Sparda-Bank München eG)*

KAPITEL 9

Ein Banker auf Abwegen

„In den letzten Jahrzehnten haben wir sehr stark am Paradigma *Geld ist Macht* gehangen. In diesem Kontext haben wir Geld zu dem gemacht, was es heute ist", erklärt Helmut Lind, Vorstandsvorsitzender der Sparda-Bank München.

Wir sitzen in seinem Büro in der Nähe des Hauptbahnhofs. Die Atmosphäre ist gelöst, ganz anders, als ich sie mir in der Chefetage einer Bank vorgestellt habe. Lind trägt keine Krawatte, sein Hemdkragen steht offen. Ruhig hört er sich meine Fragen an und geht meist für ein paar Sekunden in sich, bevor er antwortet. Durch eine große Glasfront kann man die Bahngleise sehen. Der Ausblick erinnert mich an eine Modelleisenbahnanlage in einem Glaskasten, von der ich als kleines Kind fasziniert war. Die stand damals am Fuldaer Bahnhof und wenn man Geld einwarf, konnte man einzelne Züge starten lassen. Am liebsten hätte ich stundenlang beobachtet, wie die kleinen Waggons durch die Miniaturlandschaft brausten. Kurz frage ich mich, ob mein Gesprächspartner manchmal von seinem Büro aus die Züge anschaut und sich fragt, wer da gerade wohin unterwegs ist. Doch ich verkneife mir die Frage und konzentriere mich wieder auf unser Gespräch.

Wie vermutet, dreht sich die ganze Welt um das liebe Geld, doch: „Wir befinden uns mitten in einem Paradigmenwechsel", führt Lind weiter aus. „Die Menschen erkennen langsam, dass Geld ohne Sinn nicht glücklich macht. Es nur zum Selbstzweck anzuhäufen führt niemals zu einem sinnvollen Wirtschaften zum Wohl der Gesellschaft." Die Medien würden immer wieder (scheinbar) erfolgreiche Idole aufbauen, die Millionen verdienen und damit angeblich glücklich sind. „Ich persönlich kenne viele Menschen die zwar erfolgreich, aber bei Weitem nicht erfüllt sind."

Lind weiß, wovon er redet, denn auch er glaubte einmal, durch Karriere glücklich zu werden. Doch als er 2001 Mitglied des Vorstands wurde, platzte seine Illusion wie eine Seifenblase. Daher vollzog er selber den radikalen Paradigmenwechsel bei sich im Kleinen, der sich nach seiner Ansicht gerade im Großen in der Gesellschaft abspielt. Lind gelang es, seinen inneren Wertewandel vom Karriere- zum Herzensmenschen in sein Geldhaus zu tragen. 2011 gehörte die Sparda-Bank München eG zu den 60 Pionierunternehmen im deutschsprachigen Raum, die sich nicht nur der Gemeinwohl-Ökonomie angeschlossen hatten, sondern auch eine entsprechende Bilanz veröffentlichten. *Moment mal,* werden sich vielleicht einige LeserInnen denken, – *wie passen bitteschön die Geschäfte einer Bank überhaupt mit dem Gemeinwohl zusammen? Es dreht sich doch alles um den maximalen Profit, oder nicht?* – Doch der Reihe nach.

Lind selber ist „ein Fan der Fülle". Auf einem Bauernhof in der Nähe von Marburg an der Lahn in Hessen aufgewachsen, hatte er schon als Kind einen positiven Bezug zu Geld. In seinem „Taschengeldbuch" notierte er fein säuberlich alle Einnahmen, Ausgaben und Überträge auf sein Sparbuch. In seinem Schreibtisch verwahrte er zudem eine kleine Kasse und mit Freude zählte er das sich darin befindliche Geld. Auch sein Vater war ordentlich und bestens organisiert: Alles auf dem Hof befand sich stets an seinem Platz, Maschinen und Werkzeuge waren sauber und auch die Finanzen hatte er immer im Blick. Landwirt wollte Lind nicht werden, sondern Sänger, wie er lachend verrät. Die Vorstellung, mit Sprache und Ausdruck arbeitend auf der Bühne zu stehen, begeisterte ihn.

Doch statt sich seiner künstlerischen Ader zuzuwenden, begann er eine Lehre zum Groß- und Außenhandelskaufmann. „Im Grunde blieb mir nichts anderes übrig. Mit meinem mittelmäßigen Realschul-Abschlusszeugnis konnte ich nicht wirklich glänzen. Ich war froh, überhaupt eine Lehrstelle bekommen zu haben." Die hatte er auch nur dank seines Vaters durch das berühmte „Vitamin B" erhalten. Bei Bewerbungsgesprächen und Einstellungstests war der junge Lind kläglich gescheitert. Somit waren seine beruflichen Anfänge alles andere als ermutigend.

Bereits vor seinem Antritt ahnte er bereits, den falschen Beruf ergriffen zu haben, auch wenn er über ein gewisses Zahlentalent verfügte. Eigentlich wollte er bei einer Bank arbeiten. Hier bewarb er sich jedoch zu spät und dann war da ja noch die Sache mit seinem schlechten Abschlusszeugnis. Obwohl er sicher war, dass ein anderer Beruf besser zu ihm passen würde, biss er die Zähne zusammen und beendete die Lehre. „Wenn ich etwas anfange, dann ziehe ich es auch durch", erklärt Lind seine Motivation. „Ein Abbruch kam nicht infrage, denn es hätte sich wie ein Versagen angefühlt." Zudem waren die nächsten beruflichen Schritte bereits bis ins Detail geplant. „Ich war damals ein Stück weit getrieben", gibt er offen zu. Das Wort „karrieresüchtig" gefällt ihm zwar nicht, aber auch das wäre passend gewesen.

Gerade einmal die Hälfte seiner Lehrzeit war um, da hatte er schon einen Ausbildungsplatz als Bankkaufmann in Marburg in der Tasche. Den Wehrdienst quetschte er auch noch irgendwie dazwischen. Er verhandelte sogar erfolgreich mit der Bundeswehr, um ihn zu verkürzen, damit so bald wie möglich seine neue Lehre beginnen konnte. Ein weiteres volles Jahr zu verlieren war ihm ein Graus.

Sein Abitur holte er während der Banklehre nach. Auch diese war noch nicht beendet, da kannte Lind auch schon die Aufbau-Seminare, die er für den Bankbetriebswirt brauchte. Mit Anfang zwanzig kam seine Vision, Vorstand zu werden, auf – wie und warum kann er bis heute nicht sagen. Zumal er gar nicht wusste, was als Vorstand alles auf ihn zukommen würde. Lind muss selber schmunzeln, als er erklärt: „Damals dachte ich, wenn ich Vorstand einer Bank werde, dann bin ich glücklich und habe alles erreicht, für was es sich zu leben lohnt. Ich hätte *es* dann geschafft, auch wenn mir unklar war, was *es* überhaupt sein sollte."

Der junge Lind merkte schnell, dass er, um seine Karriere zu beflügeln, die Bank wechseln musste. In seinem Lehrbetrieb sah er keine Chancen für den Aufstieg. So kam er zur Sparda-Bank in Kassel. Hier wurde ihm nach zwei Jahren klar, dass er noch nicht am Ende der Fahnenstange war. Ein weiterer Wechsel brachte ihn zum Verband der Sparda-Banken, wo er sich zum Trainer und Dozenten ausbilden ließ. Doch egal, welche Position er auch bekleidete, spätestens nach zweieinhalb Jahren spürte er eine innere Leere. „Das kann doch nicht alles gewesen sein!" Er blieb ein Getriebener, mit einem Plan für alle Lebensbereiche. Alle Ziele waren unterteilt in wöchentliche oder sogar tägliche Aufgaben. „Was ich wann wo und wie mache, hatte ich bis ins kleinste Detail perfekt organisiert." Wenn er einmal eine Tagesaufgabe nicht erledigen konnte, fühlte es sich wie eine „kleine Niederlage" an. Wenn er beispielsweise abends nicht mehr joggen konnte, klingelte am nächsten Morgen um 4:15 Uhr sein Wecker. „Egal, ob es Steine regnete, ich bin im Dunkeln mit der Stirnlampe durch die Felder gejoggt."

Für seine weiteren Karriereschritte erwies sich seine Tätigkeit im Sparda-Verband als äußerst hilfreich. Er kannte nicht nur alle Sparda-Banken deutschlandweit und deren Geschäftszahlen, sondern lernte vor allem die Menschen und dadurch die jeweilige Unternehmens-kultur kennen. Für seinen weiteren Wechsel – schließlich gab es noch die Vision, Vorstand zu werden – legte er eine Liste an. Hier notierte er alle Sparda-Banken mit deren Vorzügen und Nachteilen und welche Vorstände wann in Ruhestand gehen würden. Weitere wichtige Punkte waren, wie ihm die jeweiligen Städte, Regionen und Unternehmenskulturen gefielen. „Damals war ich noch lange nicht als Vorstand qualifiziert und daher scheiterten meine Bewer-bungen für solch einen Posten. Ich war naiv und hatte mich selbst überschätzt, bis ich wieder in der Demut gelandet bin."

Dann gelang der Sprung. Die Sparda-Bank München stand ganz oben auf seiner Liste. Hier begann er 1996 als Prokurist und Direktor für das Kreditgeschäft. Einige seiner neuen Kollegen kannte er aus seinen Seminaren für den Sparda-Verband. Er war und ist größten-teils beliebt, denn für ihn kommt Ellenbogenmentalität nicht infra-ge. Er glänzt eher mit seinen Leistungen, seiner Verbindlichkeit und Stringenz. „Was ich mir vornehme, das erreiche ich auch. Wenn ich täglich joggen oder ich im Jahr eine bestimmte Anzahl an Büchern lesen will, dann tue ich das halt. Es ist alles eine Frage des persönli-chen Willens und der Disziplin." Doch Lind ist keine gefühlskalte Maschine, wie man aus der Erzählung schließen könnte. Vielmehr ist er stets nah an den Menschen und im Grunde befand er sich auf einer Suche, die ihm damals noch gar nicht bewusst war.

Dann kam in München der Tag, an dem eine Stelle im Vorstand ausgeschrieben wurde. Lind wusste, dass sie intern besetzt würde und es einschließlich ihm mehrere Kandidaten gab. Deren Namen landeten auf einer neuen Liste, wie gewohnt mit den jeweiligen Pro- und Contra-Punkten. Er fand einige Aspekte, die für ihn, aber auch welche, die für einen der anderen Kandidaten sprachen. Manch einer hatte ein abgeschlossenes Studium oder schlicht mehr Berufserfahrung. Er spürte in seinem Inneren, dass es seine Stelle war. Doch je mehr er an seiner Liste arbeitete und grübelte, umso mehr begann er auch zu zweifeln. Sein Herz konnte er noch nicht hören, welches ihm riet, einfach Vertrauen zu haben. Der Verstand mit seinen konstruierten Möglichkeiten war viel zu laut. „Ich hatte damals keinen Abstand zu meinem Verstand, sondern ich war der Verstand." Die Situation war mehr als einmal fast unerträglich, denn er fuhr emotional Achterbahn: „Mal war ich zuversichtlich und gut gelaunt und dann wieder sorgenvoll." Doch das Gremium entschied zu seinen Gunsten: Fünf Jahre nach seinem Start in der Sparda-Bank München wurde er 2001 Mitglied des Vorstandes. Er hatte „es" tatsächlich geschafft: Seine Vision, an der er über zwanzig Jahre seines Lebens gearbeitet hatte, wurde wahr. Doch schon bald platzte die Seifenblase.

„Das soll es jetzt gewesen sein, das ist alles?" Lind ist zwar Vorstand einer Bank, aber das von ihm im Vorfeld damit verbundene Glücksgefühl wollte sich einfach nicht einstellen. Im Gegenteil: Er erkannte, dass er bislang in einer Art heilen Welt gelebt hatte. Zwei Vorstandsmitglieder waren erkrankt, obwohl er glaubte, alle Vorstände seien gesund und munter. Es war für ihn wie ein Spiegel: Du kannst zwar Vorstand sein, doch damit ist nicht automatisch alles in Ordnung. Zudem war die Ertragslage der Bank nicht so stabil, wie er bislang glaubte, und hinter den Kulissen brodelte es, was ihm ebenso verborgen geblieben war. Er stürzte in eine Sinnkrise, denn in ihm reifte die Erkenntnis: „Wenn das das Ziel meiner Arbeit der letzten zwanzig Jahre sein soll, dann bin ich den falschen Weg gegangen." Darüber hinaus schockte der Anschlag vom 11. September die Welt. „Es waren auf allen Ebenen unruhige Zeiten", sagt Lind im ernsten Ton.

Schon bald fiel er in die ihm anerzogene Rolle: Vorbild sein und private Sorgen im imaginären Rucksack verstauen. Diese offen zu zeigen, käme einer Schwäche gleich. Innerlich hatte ihn schon längst die Angst gepackt, die aber kein Ventil fand. Doch Aufgeben kannte Lind nicht. Langsam wurde ihm klar, dass er sich intensiver mit seinen inneren Themen beschäftigen musste. Besonders die schwierige Lage der Bank bereitete ihm starke Schuldgefühle. Seine älteren Kollegen im Vorstand wiesen ihn erfolglos darauf hin, dass er sich nichts zuschulden hat kommen lassen und sich daher auch keine Vorwürfe zu machen brauchte. Dennoch konnte er sie einfach nicht abstellen und so überraschte ihn bald eine andere Tatsache: Die Schuldgefühle waren ein altes Thema aus seiner Kindheit, als er fast seinen eineiigen Zwillingsbruder verloren hätte. „Ich sah mich in den Träumen immer wieder in der kindlichen Situation des damaligen Unfalls. Die Situation in der Bank hatte dieses Trauma aktiviert." Nun war für ihn der Startschuss gefallen herauszufinden, welche alten und auch verdrängten Themen er noch unbewusst mit sich herumtrug. Anfangs war es noch ein Spagat, als Vorstand zu funktionieren und sich gleichzeitig den inneren Prozessen zu widmen. Hin und wieder dachte er auch daran, ganz aus der Finanzwelt auszusteigen. Doch egal, mit wem er darüber sprach, alle rieten ihm zu bleiben. Wie soll sich etwas bewegen, wenn immer *die* Menschen gehen, die etwas ändern möchten?

Linds Wandel vom Karriere- zum Herzensmenschen war schleichend. Er erkannte, dass für seine Karriere zu viel auf der Strecke geblieben war. „Ich habe mich zu wenig um meine Kinder und meine damalige Frau gekümmert, weil der Beruf immer Vorrang hatte." Auch in seiner Kindheit gingen die Landwirtschaft und die zahlreichen Ehrenämter immer vor. „Das habe ich eins zu eins übernommen und gelebt. So wie ich dadurch keine Zeit für meine Familie hatte, hatte ich auch keine für mich." Tatsächlich waren ihm Ruhephasen erschreckend fremd. Durch das fernöstliche Qi Gong kam er allmählich zur Ruhe, bis er zu seiner täglichen Meditationspraxis fand. Seine ausgeprägte Disziplin half ihm dabei. Es gelang ihm, „einfach mal die Pausetaste zu drücken, in Ruhe spazierenzugehen und die Natur mit allen Sinnen zu erleben, anstatt immer nur durchzubrausen." Nach und nach kam Lind immer besser in Kontakt zu seiner Innenwelt und konnte seine Verletzlichkeit auch zeigen – was allerdings Folgen haben sollte.

Lind windet sich etwas, denn er möchte sein Erlebnis auf einer Führungskräfte-Tagung nicht als Beispiel überstrapazieren. Aber die Situation ist nicht nur exemplarisch, sondern bildet auch einen entscheidenden Wendepunkt. Auf der besagten Tagung wurde nicht nur das von einer Mitarbeitergruppe überarbeitete Leitbild des Unternehmens präsentiert, sondern es sollte auch eine neue Führungsebene mit Regionalleitern etabliert werden. Davon versprach man sich eine verbesserte Kommunikation und regeren Austausch zwischen den Geschäftsstellen untereinander und mit dem Vorstand. Etwa sechzig Führungskräfte nahmen am Arbeitstreffen teil und nicht jeder war von den Plänen begeistert. Offene und ehrliche Kritik wurde jedoch nicht an Lind herangetragen, der inzwischen sogar Vorstandsvorsitzender geworden war. Zudem gab es bezüglich der konkreten Personalentscheidungen Differenzen – sprich, einzelne Kollegen waren enttäuscht, nicht die begehrte Stelle bekommen zu haben. Der Samstag war der letzte Tag des Treffens. Morgens meditierte Lind lange und intensiv, am Nachmittag hielt er die Schlussworte. Hier verlor der ehemalige Kontroll-Freak Lind im positiven Sinne die Kontrolle.

Auf der Bühne konnte er plötzlich spüren, wie sich einige Mitarbeiter gegenseitig bekämpften, was ihn zutiefst verletzte. Schließlich brachen die Gefühle aus ihm heraus und es flossen die ersten Tränen. Lind sprach weiter, wobei er sich nicht mehr an sein ursprüngliches Skript hielt. „Die Worte kamen aus meiner Seele und meinem Herzen." Im Publikum saß auch Christine Miedl, die Direktorin der Unternehmenskommunikation. Als Lind anfing zu weinen, musste sie schlucken: „Ich war anfangs irritiert und verunsichert. Als Vorstandsvorsitzender kann er sich nicht so gehen lassen, sondern muss uns ein starkes Vorbild sein!" Doch Miedl war auch berührt, wie viele der Anwesenden. „Es war wie eine emotionale Woge, die durch den Raum geflutet ist. Gestandene Männer hatten ebenfalls die Tränen in den Augen und etliche Teilnehmer hielt es nicht mehr auf den Stühlen", erinnert sie sich. Dass fast alle aufstanden und applaudierten, ist bis heute für Lind ein „absolutes Highlight" in seinem Leben.

„Als die Emotionen aus unseren Vorstandsvorsitzenden herausbrachen, konnten teilweise auch die anderen Teilnehmer in sich hineinspüren und Gefühle zulassen", sagt Miedl und ist sich sicher: „Ohne es geplant zu haben, hat er an diesem Tag einen wichtigen Grundstein für den weiteren Wandel in unserem Haus gelegt, auch wenn er selber damit bei seinen persönlichen Prozessen noch relativ am Anfang stand."

Doch so mancher Kollege fragte sich auch, ob er im falschen Film sei. „Es ist so, wie wenn man eine Handvoll Blumensamen auf die Wiese wirft: Die einen gehen auf, die anderen nicht", sinniert Miedl. „Der Herzensmensch war als Urkorn schon immer in Helmut Lind angelegt. Es hat nur eine Weile gebraucht, bis es aufblühen konnte." Für manche Mitarbeiter war es jedoch schwierig, mit dem offenen Herzensmenschen Lind umzugehen. Ohne es zu wollen, übte er einen gewissen Druck aus: *Jetzt lebt er das so vor, müssen wir uns nun auch so zeigen oder dürfen wir so bleiben, wie wir sind?*

Letztendlich erkannte Lind, dass sein Weg des Herzens im Beruf kein Spagat sein muss. „Ich habe mir doch diese Welt selbst kreiert", sagt er mit fester Stimme. Solange man jedoch immer wieder im Außen andere für alles verantwortlich macht, habe man keine Chance, bei sich anzukommen und etwas tiefgreifend zu verändern. „Diese radikale Eigenverantwortung ist unbequem und kann im ersten Moment schmerzen." Schließlich seien unsere Muster und Glaubenssätze wie Kerben mitunter tief in unsere Psyche eingeritzt. Die könne man nicht einfach überdecken. „Sie zu heilen ist ein Prozess, der über Wochen, Monate oder sogar Jahre gehen kann. Doch Stück für Stück kommst du stärker bei dir und deiner inneren Führung an."

Und die weitere Richtung war Lind nun klar: Er möchte eine neue Wirtschaft mitgestalten, die das reine Profitdenken ablegt und die Menschen nicht mehr in Schablonen presst, damit diese im Sinne einer Maschine funktionieren müssen. Wenn er sich im Kleinen wandeln konnte, dann müssen doch die gleichen Prozesse auch im Großen möglich sein. Die Sparda-Bank sollte demnach ein Herzstück für eine sinnstiftende und gemeinwohl-orientierte Wirtschaftsweise werden.

Wie er seine inneren Prozesse allerdings in der Bank anbringen konnte, verschloss sich ihm noch. Zum ersten Mal in seinem Leben gab es keinen Plan und keine Listen. Er wusste jedoch, dass er in seinen diversen Trainerausbildungen und Seminaren lediglich Konzepte erlernt hatte, die keine echte nachhaltige Veränderung bewirkten. Viel mächtiger sind da innere Prozesse, die er auch bei seinen Kollegen anregen wollte.

Recht früh nahm er Christine Miedl auf seine Reise mit. Zwei Wochen nach der tränenreichen Tagung führten die beiden ein Gespräch in seinem Büro. Noch immer konnte Miedl das Geschehen nicht richtig einordnen und war vom offen zu Tage tretenden Wandel Linds überrascht. „Ich hatte keine Ahnung, wohin die Reise gehen sollte, dennoch war da so ein Urvertrauen", sagt sie. „Ich ließ es zu, denn es konnte ja nicht falsch sein, wenn mein Chef mir den Raum gibt, mich auch mit mir und meiner Seelenwelt zu beschäftigen." Tatsächlich interessierte sie sich anfangs kaum für Innenschau oder gar für Meditation. Sie sagt selber von sich, dass sie damals der „totale Kopfmensch" gewesen ist. Ihre Intuition hatte sie vor langer Zeit schon vergraben und auf ihre Kollegen wirkte sie oft hart.

Damals war sie auch noch in ihrer Workaholic-Phase gefangen. Wahrscheinlich konnte sich Lind sehr gut in sie hineinversetzen, denn bis vor kurzem war er selber auch ein Getriebener. So gab er ihr Einblicke in seine eigenen Prozessen und teilte mit ihr viele Gedanken in etlichen intensiven Gesprächen. Doch mit manchen Aussagen konnte Miedl im ersten Augenblick wenig anfangen, daher notierte sie sich diese in einem kleinen Büchlein – was sie auch heute noch tut. „In stillen Momenten hole ich es hervor und lese darin." Einer von Linds neuen Leitsprüchen hatte es ihr angetan: „Das Gras wächst nicht schneller, wenn man daran zieht."

Doch zunächst legte Lind in seinem Vorhaben einen missionarischen Eifer und eine Geschwindigkeit an den Tag, der bei vielen seiner Kollegen teilweise Druck und Widerstände auslöste.

So schenkte er seinen Vorstandskollegen regelmäßig Bücher über alle möglichen spirituellen Themen, darunter Werke wie „Jetzt! – Die Kraft der Gegenwart" von Eckhart Tolle. Doch nicht jeder konnte mit dem Lesestoff etwas anfangen. Manch einer fragte sich: *Ist das hier noch eine Bank oder schon Psychotherapie?* Die Kollegen revanchierten sich zu Weihnachten bei Lind, indem sie ihm die Biografie von Dieter Bohlen schenkten. Lind nahm es mit Humor, erzählte im Führungskräftekreis vom Geschenk und las auch das Buch. Er selber hat von da an jedoch Abstand davon genommen, seinen Vorstandskollegen Lektüre zu schenken.

Auch sein Kollege Ralf Müller, der heute stellvertretender Vorstandsvorsitzender ist, war von Linds Eile nicht gerade angetan. Lind war schon fünf Jahre aktiv, als Müller ebenfalls in den Vorstand berufen wurde. Hier wollte er sich zunächst mit für ihn naheliegenden Themen beschäftigen, doch Lind warf seine große Vision der Nachhaltigkeit in den Raum. „Aus meiner Sicht waren meine Ansätze pragmatischer", sagt Müller. „Wir standen ja nicht im luftleeren Raum, denn bereits unser Vorgänger hatte schon im Jahr 2000 Nachhaltigkeit und soziale Aspekte als Themenfelder definiert. Darüber hinaus gab es in meinen Augen auch noch genug andere Aufgaben zu bewältigen." Linds Eifer machte es seinem Kollegen jedoch nicht gerade leicht, eine gemeinsame Basis zu finden. „Wir haben über 700 Mitarbeiter und die kann ich mit den Themen nicht überfahren, sondern muss sie einladen und sie mitnehmen", sagt Müller.

Eines seiner Anliegen war und ist die Glaubwürdigkeit seiner Sparda-Bank München, in der er seit fast 30 Jahren arbeitet. Man könne ein Unternehmen nur in einer gesunden Geschwindigkeit weiterentwickeln, damit sich möglichst viele beteiligen können. „Zu starker Veränderungsdrang löst Ängste und Widerstände aus." Daher ist er bewusst in die Rolle des „Bremsers" im positiven Sinne geschlüpft, der Lind immer wieder erdet, indem er ihn auf den Boden der Tatsachen holt. Damals stärker als heute. Als sein Stellvertreter arbeitet er heute mit Lind noch enger zusammen. Müller hat ebenfalls eine ausgeprägte soziale Ader und ist nahe bei den Menschen. Doch seine Sichtweise ist deutlich pragmatischer, denn seine Welt sind auch die Zahlen. Lind dagegen ist ein Visionär, der vielleicht manchmal droht, die Bodenhaftung zu verlieren. In meinen Augen wäre Lind mit seiner Vision, das Gemeinwohl zu fördern, schon lange im Schneidersitz meditierend mit dem Heißluftballon davongeschwebt. Müller sorgte dafür, dass sein Kollege den Kontakt zur Bodenstation hielt. Hin und wieder kommt es auch heute noch zu

Diskussionen zwischen den beiden, in denen nach Linds Aussage einer von ihnen oder beide lauter werden. „Die Gespräche können durchaus emotional werden", formuliert es Müller ein wenig galanter. Die beiden schätzen sich menschlich sehr. „Jeder hat seine Aufgabenfelder, bei denen der jeweils andere froh ist, sich nicht um sie kümmern zu müssen. In der Summe ergänzen wir uns äußerst gut, auch wenn es manchmal knallt und dann erstmal Funkstille herrscht", erklärt Lind. „Die lebhaften Diskussionen gehören eben zu jeder guten Beziehung dazu." Zudem wissen sie mittlerweile, dass sie oft von den gleichen Dingen sprechen und nur unterschiedliche Begriffe verwenden.

Doch schon bevor die beiden Vorsitzender und Stellvertreter im Vorstand wurden, sehe ich Müllers Beiträge als wichtig für das Gelingen der großen Mission an. 2007 hielt Christian Felber in der Bank einen Vortrag über neue Werte in der Wirtschaft. Sein Name ist heute eng verknüpft mit der Gemeinwohl-Ökonomie. Wie bereits erwähnt, war das Thema Nachhaltigkeit bereits seit Jahren auf der Agenda der Bank. Lind wollte daher einen Nachhaltigkeitsbericht veröffentlichen. „Doch nichts hat mich begeistert, bis ich auf die Gemeinwohl-Ökonomie gestoßen bin."

Vereinfacht gesagt, sind in der Gemeinwohl-Ökonomie die Werte wichtig, die wir auch in unserem Privatleben schätzen und die Beziehungen gelingen lassen: Menschenwürde, Solidarität, soziale Gerechtigkeit, ökologische Nachhaltigkeit, Mitbestimmung und Transparenz. Im Paralleluniversum namens Kapitalismus gereichen diese positiven Eigenschaften häufig zum Nachteil: Wer Karriere machen und Marktanteile sichern möchte, muss öfter die Ellenbogen ausfahren. Die Gemeinwohl-Ökonomie-Bewegung möchte die positiven Werte fest im Wirtschaftssystem verankern und das Einhalten auch belohnen.

Doch zunächst gilt es, Gemeinwohlbestreben sichtbar zu machen. In der Gemeinwohl-Bilanz wird gemessen, wie die Werte gegenüber den Mitarbeitern, Kunden und Lieferanten des Unternehmens gelebt werden. Je fairer Mitarbeiter und Lieferanten beispielsweise behandelt werden oder je umweltverträglicher Produkte sind, umso mehr Punkte gibt es in diesen Kategorien. Der Idealwert einer Bilanz beträgt 1.000 Punkte, wobei auch Negativkriterien wie feindliche Übernahmen, Verstöße gegen Umweltauflagen und dergleichen Minuspunkte nach sich ziehen. Die Bilanz erstellen die Unternehmen alleine, mithilfe von Beratern oder befreundeten Gemeinwohl-Unternehmen. Externe Sachverständige prüfen die Ergebnisse. Neben der üblichen Finanzbilanz wird nun auch die Gemeinwohl-Bilanz erstellt, wobei letztere zwingend veröffentlicht werden muss. So erhält jeder Einblick, inwieweit das Unternehmen mit seinen Waren und Dienstleistungen dem Gemeinwohl dient – oder eben nicht.

In naher Zukunft soll sich dieses Engagement auch finanziell lohnen, denn bis jetzt ist die Gemeinwohl-Ökonomie für Unternehmen aus streng monetärer Sicht ein reiner Kostenpunkt. Das soll sich nach dem Wunsch der Bewegung bald ändern. Denkbar wären Steuererleichterungen oder Vorrang bei öffentlichen Aufträgen.[20]

Das klingt alles wie eine Vision von Idealisten? Tatsächlich ist das Gemeinwohlstreben bereits seit fast siebzig Jahren in unseren Gesetzen fest verankert. Im deutschen Grundgesetz heißt es im Artikel 14 Absatz 2: „Eigentum verpflichtet. Sein Gebrauch soll zugleich dem Wohle der Allgemeinheit dienen." Noch deutlichere Worte fanden die Urheber der Landesverfassung des Freistaats Bayern, welche bereits im Dezember 1946 und damit noch vor dem Grundgesetz in Kraft trat. „Die gesamte wirtschaftliche Tätigkeit dient dem Gemeinwohl, insbesondere der Gewährleistung eines menschenwürdigen Daseins für alle und der allmählichen Erhöhung der Lebenshaltung aller Volksschichten." Die Verfassung Baden Württembergs stellt gleich zu Beginn in Artikel 1 Absatz 1 klar: „Der Mensch ist berufen, in der ihn umgebenden Gemeinschaft seine Gaben in Freiheit und in der Erfüllung des christlichen Sittengesetzes zu seinem und der anderen Wohl zu entfalten."

Bislang fühlen sich im Verhältnis gesehen nur wenige Menschen dafür verantwortlich, die gesetzlichen Vorgaben auch verpflichtend umzusetzen. Einer, der sich von der Vision tief in seinem Herzen angesprochen fühlte, war und ist Helmut Lind. „Die in der Gemeinwohl-Ökonomie formulierten Werte sind nichts Neues, es sind ganz normale Dinge, die wir uns im Grunde alle wünschen. Es braucht nur noch mutige Unternehmen, die sich endlich an den Verfassungen und dem Grundgesetz verbindlich orientieren."

Lind setzte das Thema Gemeinwohl ganz oben auf die Agenda, doch nicht jeder Mitarbeiter war begeistert. Skeptische Kollegen fragten sich, ob sie am Ende die Zeche für das Gemeinwohlstreben zahlen müssten, denn sicherlich würde es doch Geld kosten. Es kamen Befürchtungen auf, ob dafür im Gegenzug Gehälter und Sozialleistungen gekürzt werden sollten. Lind selber hatte einen tiefgreifenden inneren Wandel vollzogen und sich intensiv mit der Gemeinwohl-Ökonomie und deren Zielen befasst. Viele seiner Kollegen eben nicht, für sie war es auf den ersten Blick zusätzliche Arbeit mit fragwürdigem Nutzen. Auch einzelne Kunden versuchten die Gemeinwohlkarte auszuspielen und wollten keine Gebühren mehr zahlen. Dabei muss ein Gemeinwohl-Unternehmen wie jedes andere auch wirtschaftlich arbeiten, um bestehen zu können. Es dürfen dabei auch selbstverständlich Gewinne erzielt werden, es kommt jedoch darauf an, für was sie eingesetzt werden. Führen sie zu höheren Löhnen, investiert das Unternehmen weiter in den Umweltschutz oder schöpft jemand die Gewinne für sich alleine ab? Passend dazu lese ich in dem Buch „Hört auf zu arbeiten! Eine Anstiftung, das zu tun, was wirklich zählt" folgendes: „Egal was in den Lehrbüchern steht: Gewinnerzielung ist kein Unternehmenszweck. (…) Gewinn ist immer nur eine Bedingung der Existenz des Unternehmens, nicht seine Bestimmung. Denn das wäre genauso sinnlos wie der Satz: Der Mensch lebt, um zu atmen."[21]

Doch zunächst war es Linds Aufgabe, seine Mitarbeiter in die Gedanken der Gemeinwohl-Ökonomie einzustimmen und Vorbehalte abzubauen. Mit den vielen und teilweise massiven Widerständen hatte er gar nicht gerechnet. „Ich war wahrscheinlich zu naiv", gibt er aus heutiger Sicht zu. „Ich war anfangs felsenfest überzeugt – meine eigenen Zweifel kamen erst mitten im Prozess. Was hast du dir angetan? Bist du wahnsinnig? Wenn das schief geht, stehst du nachher alleine da und verlierst deine Position."

Eine Gemeinwohl-Bilanz zu erstellen, erfordert auch eine gewisse Portion Mut, schließlich beleuchtet sie nicht nur die Stärken, sondern auch die Schwächen eines Unternehmens. Auch andere Sparda-

Banken hatten ihre Zweifel an Linds Vorhaben. Sie befürchteten, sein Vorstoß könnte die Marke beschädigen, wenn die Presse ihn durch den Kakao zieht. So hat das Gemeinwohlstreben Lind auch oft Schmerz bereitet, wenn es von anderen missverstanden wurde. Lind selber wurde darüber hinaus zur Projektionsfläche für die Sorgen und Befürchtungen der anderen. Schließlich war er das Gesicht hinter der ganzen Aktion und als „Schuldiger" schnell identifiziert. Wenn man sich vom Mainstream wegbewege, werde man eben auch zur Zielscheibe, sagt er.

Lind erkannte, dass die Quelle seiner eigenen Zweifel und Ängste sein Verstand war. Sobald er in sich hineinspürte, was seine Seele und sein Herz wollten, fühlte er, auf dem richtigen Weg zu sein. Schon bald erfolgte eine weitere wichtige Erkenntnis: „Die äußeren Widerstände spiegeln ja nur meine inneren. Ich habe lange gebraucht, um das zu verstehen, denn: Du veränderst nichts im Außen, wenn du deine inneren Widerstände nicht aufgelöst hast."

Der Banker auf „Abwegen" blieb sich treu und in Sachen Gemeinwohl am Ball. Das Thema brachte er absichtlich nicht in diverse Gremien ein, weil er fürchtete, hier werde es nur zerredet und zerpflückt. Es fühlte sich für ihn stimmig an, mit dem Thema nach draußen zu gehen – zur Not auch als einsamer Rufer. Seinen inneren Perfektionisten hatte zu diesem Zeitpunkt bereits in Rente geschickt, denn in Sachen Gemeinwohl-Ökonomie existiert bei Lind ein neues Credo: „Lieber lege ich einen schlampigen Start hin, als dass ich spitzenmäßig abwarte."

Schließlich gehörte die Sparda-Bank München 2011 zu den 60 Pionierunternehmen aus dem deutschsprachigen Raum, die eine Gemeinwohl-Bilanz veröffentlichten. Zudem war sie das erste deutsche Unternehmen mit mehr als 600 Mitarbeitern, welches diesen Schritt vollzog. Die damals erreichten 332 Punkte wiesen deutlich Luft nach oben auf, denn wie bereits erwähnt, liegt der Idealwert bei 1.000 Punkten. „Wenn man weiß, dass es durch Negativkriterien bei minus 1.600 Punkten los geht, dann sind 332 schon eine ganze Menge", beruhigt Lind. 2012 steigerte sich das Unternehmen auf 385 Punkte.[22] „Wir haben damals beschlossen, einfach anzufangen und dann die nächsten Schritte zu machen." Es gibt keine

Ralf Müller (links) und Christine Miedl (Mitte) waren ebenso wie weitere Mitarbeiter wichtige Geburtshelfer von Helmut Linds (rechts) Vision.
(Foto: Sparda-Bank München eG)

Zielvorgaben, in einem bestimmten Zeitraum eine definierte Anzahl von Punkten zu bekommen. „Es ist nicht Sinn und Zweck der Sache, uns unnötig Druck zu machen. Einen Fluss kann man auch nicht anschieben, er fließt in seiner Geschwindigkeit", sagt Lind und: „Man legt keinen Schalter von null auf hundert um, sondern es ist ein Prozess, der das Bewusstsein schärft und aufzeigt, welche Schritte man vielleicht noch nicht heute, aber in der nahen Zukunft machen kann." In seiner entschleunigten Sichtweise meine ich auch den Einfluss von Ralf Müller herauszuhören, der Lind mit seiner Vision immer wieder geerdet hat.

Manche Dinge ließen sich eben schneller ändern, als andere. So sei man bei den Finanzprodukten noch nicht wie gewünscht weitergekommen. „Wir betreiben das klassische Privatkundengeschäft und finanzieren hier auch die Photovoltaikanlage auf dem Dach", sagt Müller. Lind ergänzt, dass auch die Eigenanlagen der Bank mittlerweile zu 95 Prozent ethisch sauber angelegt seien. Zudem hat sich das Geldhaus von Spekulationsgeschäften im Rohstoff- und Währungssegment verabschiedet und verzichtet

Auch wenn es manchmal hinter den Kulissen knallt und dann zunächst Funk-stille herrscht, ergänzt sich das Team bestens. Gemeinwohl verbindet auf vielen Ebenen. *(Foto: Sparda-Bank München eG)*

somit auf die dadurch generierten Erträge. Zudem wurden die Verkaufsprovisionen für Bausparverträge, Versicherungen und dergleichen abgeschafft, auch wenn hier die Mitarbeiter zunächst nicht begeistert waren. „Gerne würden wir unseren Kunden noch mehr nachhaltige Anlageprodukte anbieten", sagt Lind. Doch seine Bank agiert im Verbund mit anderen Sparda-Banken und kann daher in einigen Punkten keine Alleingänge unternehmen. Die fühlten sich teilweise anfangs schon durch Linds Einstieg in die Gemeinwohl-Ökonomie unter Druck gesetzt. Spätestens, seitdem die erste Bilanz veröffentlicht worden ist, fragen auch die Kunden anderer Sparda-Banken nach, ob ihre Bank dem Beispiel folgt. Es besteht demnach eine gewisse Erwartungshaltung, die aber nicht jedes Geldhaus erfüllen möchte.

Doch die Wogen haben sich schon lange geglättet, Lind wird längst nicht mehr als Nestbeschmutzer angesehen. Zudem sind „die Warmduscher aus München mit ihrem Weichei-Gemeinwohl-Schmusekurs" auch wirtschaftlich erfolgreich. Gemeinwohl und Wirtschaftlichkeit sind miteinander vereinbar. „Der Spagat existiert in Wirklichkeit gar nicht, der ist nur in unseren Köpfen!"

Die Sparda-Bank München befragte seit 2009 bereits zum dritten Mal ihre Mitarbeiter, welche Werte wichtig sind und welche die Bank in den nächsten fünf Jahren braucht. „Die Mitarbeiter-Gemeinschaft ist mit ihrer Sichtweise oft viel näher an den Kernthemen wie Gemeinwohl, soziale Gerechtigkeit und ökologisches Bewusstsein, als Führungskräfte das sehen. Was wir heute schon leben und die Wünsche für die Zukunft passen ideal zur Gemeinwohl-Ökonomie", sagt Lind begeistert. Einige Kollegen aus der Geschäftsführung waren durchaus überrascht, denn die dachten, das Gemeinwohl sei eine „Spinnerei von Lind". Nun sehen sie: Die Mitarbeiter wollen das ja! Plötzlich hörte Lind auch Sätze wie: „Wegen der Gemeinwohl-Bilanz kommen neue Kunden zu uns. Wie gut, dass wir die haben!" „Witzig, oder?", fragt mich Lind lachend und auch ich kann mir ein Grinsen nicht verkneifen.

„Ich bin für den ganzen Gemeinwohl-Prozess in unserem Hause mehr als dankbar, auch wenn er für alle Beteiligten ein hartes Stück Arbeit war", sagt er rückblickend. „Er hat mich nicht nur in den guten, sondern auch in den schwierigen Aspekten des Lebens weitergebracht." Dadurch konnte er immer wieder eigene Widerstände, Ängste und Zweifel anschauen und auflösen. „Eines habe ich gelernt: Du musst bei dir nichts hinzufügen, denn es ist alles da. Es geht vielmehr darum, alles abzulegen, was dich klein macht und nicht zu dir gehört, weil du es vielleicht für andere getragen hast. Ohne diesen Ballast ist so vieles möglich."

HELMY ABOULEISH
Geschäftsführer *(Foto: Sekem)*

KAPITEL 10

Asterix in Ägypten

Bei aller Beschäftigung mit dem Geld drohe ich, meine spielerische Leichtigkeit zu verlieren und zu verkrampfen. Daher berührt mich Linds Wertewandel vom Karriere- zum Herzensmenschen. Aus meiner Sicht braucht es noch viele mutige Führungskräfte, um die Wirtschaft in neue Bahnen zu lenken. Doch mein skeptischer Verstand legt sein Veto ein – oder versucht es zumindest. Auch die Sparda-Bank München sei letztlich nur eine kleine Insel. Das meiste Geld landet meist dort, wo es zwar den Renditen nützt, aber nicht dem Gemeinwohl. Hinter allem steht die Sinnfrage, ob Engagement überhaupt etwas nützt. Der Verstand trifft damit einen wunden Punkt bei mir, schließlich müsste sich doch schon längst viel mehr zum Positiven gewandelt haben. Es gibt schließlich genügend erfolgreiche alternative Projekte.

Ich erinnere mich dabei speziell an Helmy Abouleish: Rings um die *Sekem-Farm* in Ägypten tobt die intensive-industrielle Landwirtschaft, deren Schäden für die Umwelt seit Jahrzenten deutlich zu sehen sind. Die Sekem-Farm gibt schon lange Antworten auf die Frage, wie man wirtschaftlich erfolgreich im Einklang mit der Natur arbeiten kann – und bleibt doch nur eine Insel. Spontan denke ich an das Dorf von Asterix, welches sich als einzige Siedlung gegen die mächtigen Römer behauptet. Sekem stellt sich keinen feindlichen Legionären, sondern dem ökologischen und wirtschaftlichen Wahnsinn.

Helmys Vater, Ibrahim Abouleish, zog es 1977 zurück in seine Heimat Ägypten. Zuvor war er nach Österreich ausgewandert, hatte dort Chemie studiert und eine Familie gegründet. Diese folgte ihm in das afrikanische Land. Etwa 50 Kilometer nördlich von Kairo gründete Ibrahim (der Einfachheit halber nutze ich ab jetzt die Vornamen, um Vater und Sohn zu unterscheiden) die Sekem-Farm. Mitten in der Wüste begann er Bäume zu pflanzen, Gemüse anzubauen und Heilkräuter zu säen. Damit hat er nicht nur den Boden fruchtbar machen können, sondern auch den größten Markt für biologisch-dynamische Lebensmittel außerhalb Europas geschaffen. Getragen wurde Ibrahim von dem Gedanken, einen ganzheitlichen Entwicklungsimpuls zu setzen. Inspiriert von der Anthroposophie wollte er wirtschaftliche, ökologische, soziale und kulturelle Aspekte miteinander verbinden. So verrückt es damals klang, dafür mitten in der Wüste Bäume zu pflanzen, hat sich Sekem tatsächlich als ein Motor für die Entwicklung in Ägypten entpuppt. Heute gehören zur Sekem-Gruppe unter anderem ein Textilunternehmen, ein Hersteller für naturheilkundliche Medikamente und sogar eine eigene Universität.

Der eigentliche Prozess, aus „toter" Wüste einen lebendigen und fruchtbaren Boden zu gewinnen, dauert Jahre. Die wichtigste Komponente ist der Kompost, denn die darin enthaltenen Mikroorganismen wirken wie Katalysatoren. „Kompost ist das schwarze Gold unserer Bauern", sagt Helmy lachend. Die lebendigen Böden können mehr Wasser speichern und auch das durch das Verdampfen von Wasser auf den Oberflächen zurückbleibende Salz stellt kein Problem dar. Weitere Erfolgsfaktoren sind das Einhalten der Fruchtfolge, nützliche Insekten und natürliche Duftstoffe, die Schädlinge abhalten. Zudem greifen die Bauern größtenteils auf eigenes Saatgut zurück, welches durch die regionale Zucht bestens an die Umweltbedingungen angepasst ist.

Die Zucht von Sorten ist nicht nur aufwendig, sondern kostet vor allem viel Geld. Daher liegen bei Saatgutkonzernen Universalsorten im Fokus, die sich möglichst weltweit vermarkten lassen und damit den größeren Umsatz versprechen. Dabei unterscheiden sich die Umweltbedingungen in den einzelnen Regionen massiv. Um hohe Ernteerträge zu erhalten, gleicht die industrielle Landwirtschaft die Nachteile der Universalsorten durch intensiven Einsatz von Kunstdünger und chemischen Pflanzenschutzmitteln aus. Laut der Zukunftsstiftung Landwirtschaft dauert das Entwickeln einer neuen Ökosorte zwischen 10 und 15 Jahren und kostet etwa 600.000 Euro. Diese ist dann zwar bestens an örtliche Bedingungen angepasst und damit widerstandsfähiger, aber nicht für eine weltweite

Vermarktung geeignet. Da in der ökologischen Landwirtschaft keine Kunstdünger und chemische Pflanzenschutzmittel zum Einsatz kommen, braucht sie aber diese robusten Sorten. Sie sollen nicht nur möglichst resistent gegen Schädlinge und an das örtliche Klima angepasst sein, sondern müssen auch das Nährstoffangebot im Boden bestens verwerten können.

Doch das größte Wunder in Sekem findet sich auf der menschlichen Ebene. Trotz der unterschiedlichen sozialen wie ethnischen Herkunft der mittlerweile rund 2.000 MitarbeiterInnen (Araber, Beduinen, Europäer – vom Bauern bis zum Professor) ist eine lebendige Gemeinschaft entstanden. In Sekem treffen sich friedlich Orient und Okzident – und damit auch Islam und Christentum. Doch das direkte Umfeld ist seit den Revolutionen äußerst unruhig. „Wir leben in Ägypten momentan in einer spannenden Zeit", umschreibt Helmy die Situation galant. Tatsächlich waren die letzten Jahre seit Ausbruch der ersten Revolution für Sekem durchaus herausfordernd, wobei es dafür jeweils unterschiedliche Gründe gab. Zum einen ist die allgemeine Unruhe zu nennen: 2012 fanden die ersten Wahlen statt, die Muslimbrüder kamen an die Macht und eine neue Verfassung wurde beschlossen. Ein Jahr später verloren die Muslimbrüder ihre Positionen und wurden sogar als illegale Vereinigung verboten. Es folgten monatelange Demonstrationen und Ausgangssperren.

Sekem konnte sich dadurch nicht so frei weiterentwickeln, wie die Jahre zuvor. Zwar blieben die Umsätze relativ stabil, aber Projekte sind anders verlaufen als geplant. Es sollten weitere größere Flächen urbar gemacht werden, was zunächst viel Geld kostet, bevor auf ihnen Feldfrüchte angebaut werden können. Daneben gab es immer wieder logistische Probleme wie Mangel an Treibstoff. „Alle Umstände zusammen haben unsere Belastbarkeit stark getestet. Ich bin aber froh, berichten zu können, dass es uns noch gibt und wir weiterhin zuversichtlich sind", verkündet Helmy mit einem entspannten Lachen.

In Zeiten von großen Umbrüchen ist es besonders herausfordernd, die Vision und den Frieden aufrechtzuerhalten. Vereinzelt gab es Versuche, in Sekem selber Unruhe zu stiften. Doch die jahrelange Investition in die Gemeinschaft trug Früchte: Einmal in der Woche gibt es ein Treffen mit den Mitarbeitern, wodurch ein Forum für deren Wünsche, Ängste, Hinweise und andere aktuelle Anliegen gibt. „Wir machen mit den Treffen deutlich, dass wir die Menschen ernst nehmen und uns für ihre Belange ehrlich interessieren." Auch in den Hochphasen der Unruhen, in denen es teilweise keine Sicherheitskräfte und Polizei gab, sind die Menschen Sekem treu geblieben. „In meinen Augen haben die Revolutionen dazu beigetragen, dass die Sekem-Gemeinschaft noch enger zusammengerückt ist und dadurch widerstandsfähiger wurde. Das ist eines der vielen kleinen Wunder, die beständig in und um Sekem geschehen und ohne die es uns nicht geben würde." In Sekems Vision einzutauchen und sie zu leben, ist für den heutigen Geschäftsführer die leichteste Übung. Schließlich ist er mit der Idee aufgewachsen.

Für Helmy war es überaus faszinierend, mit einem Visionär als Vater aufzuwachsen. „In Österreich und später auch in Ägypten hatten wir ein offenes Haus für Philosophen, Denker und Künstler. Jede Woche bekamen wir Besuch von interessanten Menschen und ich konnte bereits als kleiner Bub an den inspirierenden Gesprächen teilnehmen. Dies war für mich der ideale Nährboden, um zu lernen und neue Sichtweisen aufgezeigt zu bekommen." Helmy war 14 Jahre alt, als seine Familie nach Ägypten übersiedelte. Bereits als Kind war er von den Plänen seines Vaters begeistert und von Anfang an aktiv mit eingebunden. Schon als Schüler half er auf der Farm, auf der er ab 1982 in Vollzeit arbeitete. Mit 21 Jahren leitete er die Farm, was damals mit fünf Mitarbeitern eine überschaubare Aufgabe war. „Da ich mit dem Aufbau von Sekem aufgewachsen bin, fühle ich mich nicht als die zweite Generation oder als würde ich in die Fußstapfen meines Vaters schlüpfen."

1984 erlitt Ibrahim einen Herzinfarkt und wurde daher für ein Jahr in Deutschland behandelt. Plötzlich saß sein Sohn nicht mehr auf dem Traktor, sondern mit Hemd und Anzugshose im Büro in Kairo. Dort musste er sich um den Vertrieb der Produkte kümmern und Gespräche mit Banken führen. Als Ibrahim nach Ägypten zurückkehrte, war er mit der Arbeit seines Sohnes zufrieden. Seitdem ist Helmy Geschäftsführer der Sekem-Gruppe. Derzeit beschäftigt er sich mit dem Setzen von Zielen für die nächsten Jahre und der Frage, wie und mit welchen Menschen diese umgesetzt werden können. „Mir ist es wichtig, dass wir uns den Mut bewahren, uns zu hinterfragen, und zu schauen, was wir für die Menschen und die Umwelt besser machen können. Man entscheidet sich nicht einmalig für einen Wandel, denn dieser findet jeden Tag statt." Daneben bestimmen auch die diversen Anbauprojekte, die Produktion und der Blick auf die Finanzen seinen Tagesablauf. Lästige Pflichten gibt es für ihn dabei nicht. „Überall, wo ich ansetze, sehe ich das große Ganze. Wir möchten Vorbilder sein, Menschen inspirieren und damit die Welt verändern."

Ein weiterer Rollenwechsel fand für ihn statt, als sein Vater 2003 den Right Livelihood Award verliehen bekam, der auch als „alternativer Nobelpreis" bekannt ist. Mit einher ging ein weltweit gesteigertes Interesse am Sekem-Projekt und so übernahm Helmy zusätzlich die Aufgabe des „Außenministers". Zwischenzeitlich war er Mitglied in über fünfzig nationalen und internationalen Ausschüssen und Organisationen. „Dadurch hat bei mir und Sekem eine Art Verdünnung stattgefunden. Es blieb kaum noch Zeit für innere Reflektion und das Weiterentwickeln der Vision." In Sekem geht es darum, schon heute tragfähige und nachhaltige Alternativen für eine lebenswerte Zukunft zu etablieren. Jeden Morgen versammeln sich alle Mitarbeiter in einem großen Kreis, um den Tag gemeinsam zu beginnen. Helmy fehlte immer häufiger, denn er hetzte von Termin zu Termin. „Es war eine schöne und vor allem lehrreiche Zeit. Doch vergaß ich, Freiräume für mich und meine Familie zu schaffen. Regelmäßige Innenschau oder gar ausgiebige Reflektion der Geschehnisse vernachlässigte ich fast völlig", sagt Helmy und betont mit Nachdruck: „Wenn man jeden Tag die Welt rettet, läuft man Gefahr, die wichtigen Dinge des Lebens aus den Augen zu verlieren."

Sekems Gespür für gesellschaftliche Entwicklungen war geschwächt. Von der ersten ägyptischen Revolution war man vollkommen überrascht. Bald schon sollte Helmy am eigenen Leib spüren, dass er in einem Hamsterrad festsaß. Als es sich abzeichnete, dass Mubarak seine Präsidentschaft verlieren würde, bäumte er sich ein letztes Mal auf. Dazu ließ er neben Ministern auch etliche wichtige private Aktivisten inhaftieren. Ihnen wurde Veruntreuung und Korruption vorgeworfen. Helmy wurde aufgefordert, zwecks einer Befragung den Staatsanwalt aufzusuchen. Dort angekommen, wurde er verhaftet. Alle damals Inhaftierten und auch die Verurteilten sind wieder frei, da die Vorwürfe haltlos waren.

Doch zunächst landete Helmy im Gefängnis Tora, wo er von Ende März bis Anfang Juli in Untersuchungshaft saß. „Auf einmal hatte ich hundert Tage, in denen ich zur Ruhe kommen und alles bisher Geschehene reflektieren konnte. Ich hatte die Gelegenheit, mich wieder zu besinnen, konnte Innenschau betreiben und musste keine vierundzwanzig Stunden am Tag an der Oberfläche bleiben. Kein Telefon, kein iPad, keine Termine." Ihn beschlich das Gefühl, dass die Geistige Welt eine Botschaft für ihn bereit hielt – ansonsten wäre er ja kaum in diese absurde Situation geraten. Er musste die Botschaft nur erkennen, wobei ihm seine Tochter Soraya bei einem ihrer Besuche die Augen öffnete. Sie freute sich, dass ihr Vater in Untersuchungshaft saß. Noch nie hätte sie so viel Zeit in Ruhe mit ihm verbringen können. „Das gab mir endgültig zu denken, ob meine Prioritäten in der Vergangenheit richtig waren."

Heute weiß Helmy, dass man nicht nur ein Gefangener hinter Mauern, sondern auch in seiner eigenen Welt sein kann. „Ich hoffe, dass es mir künftig auch ohne Krise gelingt, mich zu ändern und ich schon im Vorfeld die Zeichen erkenne." Dazu kümmert er sich verstärkter um die Entwicklung von Sekem, die Öffentlichkeitsarbeit hat er deutlich reduziert. Zudem nimmt er sich wieder mehr Zeit für sich und seine Familie. Zwei seiner Töchter leben in Sekem und so sieht er seine Enkelkinder täglich. „Was für ein Geschenk!" Einen Rückfall in sein altes Arbeitsmuster kann er sich nicht vorstellen, zu präsent sind seine Erlebnisse im Gefängnis. Auch seine Familie erinnert ihn gerne an regelmäßige Ruhezeiten.

Als ich Helmy für mein Buch interviewen möchte, bin ich in einer leicht genervten Stimmung. Wenn ich mich in der Welt und auch in meinem Umfeld umschaue, geht mir der sozio-ökologische Wandel viel zu langsam. Projekte wie Sekem zeigen auf, dass es möglich ist, im Einklang mit der Natur zu wirtschaften und damit auch Geld zu verdienen.

Ein großer ökologischer Erfolg von Sekem ist beispielsweise 1991 der landesweite Stopp von Pestizidflugzeugen. Damals gingen die ägyptischen Exporte landwirtschaftlicher Produkte, vor allem von Baumwolle, aufgrund von zu hohen Belastungen mit chemischen Pflanzenschutzmitteln deutlich zurück. Das Landwirtschaftsministerium wandte sich an die Familie Abouleish. Auf Versuchsflächen zeigten sie gemeinsam mit weiteren Sekem-Mitarbeitern, dass man auch ohne das Versprühen von Pestiziden ertragreich anbauen kann. Seit damals konnte in Ägypten der jährliche Einsatz von Pestiziden, die aus Flugzeugen versprüht werden, um 95 Prozent reduziert werden. Das entspricht nach eigenen Angaben etwa 30.000 Tonnen Pflanzenschutzmittel. Doch warum hat die ägyptische Landwirtschaft nicht schon längst komplett auf ökologische Wirtschaftsweisen umgestellt? Wie viele Beweise braucht es noch? Welchen Sinn hat das eigene Handeln, wenn es anscheinend doch wenig bewirkt? Zudem kennen Politiker und andere Führungspersonen Sekem genau – spätestens als Ibrahim den alternativen Nobelpreis bekam. „Ich hatte sämtliche Mobilnummern der ägyptischen Minister und sie meine. Man hörte mir zu – was meinem Ego durchaus schmeichelte", erklärt Helmy. Auch standen Treffen mit Angela Merkel und Barack Obama an.

Der US-amerikanische Präsident hatte 2010 zu einem Treffen eingeladen, nachdem er verschiedene arabische Länder besucht und dort an Universitäten Vorträge gehalten hatte. Er gründete danach eine eigene Abteilung im Weißen Haus, die sich mit dem Fördern des Unternehmertums in diesen Ländern befasste. Etwa 80 Vertreter arabischer Unternehmen folgten der Einladung nach Washington, darunter auch Helmy. In den drei Tagen konnte er mit Vizepräsidentin Hillary Clinton und später auch mit Präsident Obama sprechen. Diese hatten richtig erkannt, dass Unternehmen für die Entwicklung eines Landes eine wichtige Rolle spielen.

„Ich habe immer wieder betont, dass vor allem ganzheitliche Entwicklungsimpulse und soziales Unternehmertum benötigt werden. Reine Profitmaximierung löst keine Probleme, sondern verstärkt sie oder schafft sogar neue. Es muss ein Wunsch vorhanden sein, der Gemeinschaft zu dienen."

Es wurde geklatscht und Helmy erhielt für seine Aussagen durchaus offenen Zuspruch. Doch schon bald darauf folgte die Ernüchterung, denn im Grunde wurde kaum ein Vorhaben realisiert. Viel Lärm und heiße Luft für nichts.

„Ich war damals so naiv zu glauben, dass sich durch das gebotene Forum die Idee einer sozialen Wirtschaftsweise im Einklang mit der Natur festigen könnte." Auch bei anderen Gelegenheiten und Konferenzen in Amerika, Europa und auch Ägypten stellte er die Möglichkeiten und Erfolge von Sekem vor. Doch schon bald erkannte er hautnah, wie ineffizient und uninspiriert mitunter Politik betrieben wird. Die Politiker stehen unter hohem Druck und Terminstress – daher bleibt häufig kaum Zeit, sich tiefgreifend einer Thematik zu widmen. „Das gegenwärtige Wirtschaftssystem erscheint ihnen zudem oft als zu mächtig, um daraus ausbrechen zu können. Ich habe ja am eigenen Leib erlebt, wie schnell man in einem Hamsterrad zum Sklaven werden kann." Rückblickend betrachtet waren Sekems handfeste Projekte wertvoller als etliche Treffen mit Staatsoberhäuptern und Politikern. Eine nochmalige Einladung der amerikanischen Regierung würde Helmy deswegen eher ausschlagen. Als herbe Enttäuschung möchte er sein Erlebnis aber nicht betrachten, sondern eher als eine wertvolle Erfahrung. Daher teilt er auch heute noch gerne sein Wissen mit jedem, der ein offenes Ohr und bestenfalls auch ein offenes Herz hat.

Nun sind Politiker und deren Zwänge eine Seite der Medaille. Aber zumindest die ägyptischen Bauern müssten doch schon längst von Sekems Erfolgen angesteckt worden sein und ebenfalls auf die ökologische Landwirtschaft umstellen. Von Helmy lasse ich mir die Hintergründe erklären:

Tausende von Jahren hing Ägyptens Landwirtschaft von den Überflutungen des Nils ab. So mussten die Bauern mit künstlichen Bewässerungskanälen für die Bewirtschaftung ihrer Felder sorgen. In Deutschland lebt die Landwirtschaft vom regelmäßigen Regen, es gibt meist nur eine Erntesaison und im Winter sammelt die Natur neue Kräfte. In Ägypten müssen jedoch alle Felder künstlich bewässert werden und es gibt auch keine Saison. Seitdem es den von Nasser gebauten Staudamm gibt, sind die Bauern noch mehr auf künstliche

Bewässerung angewiesen, da das Niltal nun nicht mehr regelmäßig überschwemmt wird. Dies hat auch negative Auswirkungen auf die Fruchtbarkeit des Ackerlandes. Mit Hilfe von immer steigenden Raten an Kunstdüngern kann zwei bis drei Mal im Jahr geerntet werden. Alles ist intensiver, schneller und ertragreicher. Aber der hohe Druck fördert auch Schadinsekten und Pflanzenkrankheiten. „Dies alles führt in Ägypten zu einem sicherlich höheren Einsatz von Kunstdünger und chemischen Pflanzenschutzmitteln als in Deutschland. Wir betreiben hier eine völlig andere Landwirtschaft."

Lediglich eine kleine Fläche von etwa fünf bis sechs Prozent des Landes kann mittels der künstlichen Bewässerung überhaupt landwirtschaftlich genutzt werden. Der Rest ist Wüste. Daher müssen in möglichst kurzer Zeit hohe Ernteerträge eingefahren werden, um die Bevölkerung überhaupt ernähren zu können. Trotz aller Bemühungen ist Ägypten lediglich in der Lage, knapp 60 Prozent des eigenen Ernährungsbedarfs zu decken und wird demnach stark von globalen Preisschwankungen beeinflusst. „Wenn man unter diesen Bedingungen einem Bauern eine reiche Ernte mittels Chemie verspricht, wird er diese mit hoher Wahrscheinlichkeit auch einsetzen."

Ein weiteres Problem ist der allgemein niedrige Bildungsgrad und daher sind auch viele Bauern Analphabeten. Sie können die Gebrauchsanleitungen der chemischen Hilfsmittel schlicht nicht lesen. Daher spritzen sie häufig zu viel und ernten nach dem Einsatz der Pflanzenschutzmittel die Feldfrüchte zu früh. Deswegen sind die Rückstände der Pestizide mitunter sehr hoch. Darüber hinaus mangelt es nicht nur an Fachkenntnis, sondern auch an Schutzkleidung. „Pestizid" heißt auf arabisch „دواء" (sprich *daua*). Dies bedeutet jedoch auch „Medikament". Daher verstehen viele Bauern nicht, dass sie Gifte einsetzen, sondern denken, dass sie ihre Pflanzen mit einem Medikament vor Krankheiten schützen. Unter all diesen Umständen ist das Missmanagement von Anfang an vorprogrammiert. Die Folgen sind fatal: Da die Flächen zudem eng beieinander liegen, gelangt oft eine hohe Giftkonzentration in die Böden und damit auch ins Wasser.

In Ägypten wird zwischen ein und zwei Prozent der Ackerfläche ökologisch bewirtschaftet. In Deutschland sind es etwa sechs Prozent. Die ägyptische Landwirtschaft ist aber kleinteiliger und laut Helmy gibt es bereits einige tausend Bio-Bauern. „Wir sind zudem froh, dass auch die konventionellen Kollegen nun teilweise mit Kompost arbeiten." Einige von ihnen setzen darüber hinaus sogar das biologisch-dynamische Saatgut aus Sekem ein. Immerhin tut sich also etwas, wenn bislang auch eher im Kleinen.

Der sozio-ökologische Wandel der Landwirtschaft wird vor allem durch einen Wandel im Bewusstsein vorangetrieben. „Daher möchten wir so viele Bauern wie möglich umfassend ausbilden, ihnen helfen umzustellen und ihnen durch das Einbinden in die Sekem-Gemeinschaft eine sichere wirtschaftliche Grundlage bieten." Die Bauern seien schon immer das schwächste Glied im sozialen Gefüge gewesen. Sie leben häufig in ärmlichen Verhältnissen, sind schlecht ernährt und haben weder Zugang zu Bildung noch zu einer nennenswerten gesundheitlichen Fürsorge. Der Wandel kann sich eben nur so schnell vollziehen, wie sich Menschen auf ihn einlassen können und dazu auch die Möglichkeit erhalten. Das ist schwierig, wenn den Bauern alleine schon umfassende Informationen fehlen, um unsere heutige Lage wirklich zu verstehen, richtig einzuschätzen und daraus Initiativen für die Zukunft ableiten zu können. Daher sind für Helmy Bildung und eine lebendige Gemeinschaft wichtige Schlüssel.

Was mir an dieser Stelle noch nicht einleuchten möchte, ist, warum der Staat den Wandel nicht schon längst als festes Konzept übernommen hat. Schließlich kennen die Verantwortlichen Sekem und haben, wie bereits beschrieben, in einzelnen Projekten bereits gut zusammengearbeitet. Darauf weiß Helmy zwei Antworten: Obwohl die Menschen Sekem persönlich positiv gegenüberstehen, sind die Produkte teilweise teurer als ihre konventionellen Pendants. Kein Wunder, denn die Umweltschäden, Gesundheitsgefahren und versteckten Subventionen sind im Verkaufspreis der konventionellen Ware nicht eingerechnet – was ja auch bei uns in Europa nicht der Fall ist. Ägyptens Landwirtschaftsminister steht unter dem hohen Druck, das ganze Land mit möglichst billigen Lebensmitteln versorgen zu müssen. Daher setzt die Politik auf intensiv-industrielle Landwirtschaft und teilweise auch auf gentechnisch veränderte Pflanzen. Dabei ist diese Form des Wirtschaftens besonders energieintensiv und je höher die Energiepreise steigen, umso teurer erkauft man sich billige Lebensmittel. „Wir sind jedoch weiterhin beständig im Dialog zu erklären, dass die ökologische Landwirtschaft durchaus in der Lage ist, die Weltbevölkerung zu ernähren."

Ein weiterer wichtiger Aspekt ist der, dass leider versucht wird, Sekem und seine Projekte 1:1 zu kopieren. „Die Sekem-Idee ist aber heute nur erfolgreich, weil sie sich morgen verändern wird. Wenn wir uns zwei oder drei Tage lang nicht weiterentwickeln, dann sind wir am siebten Tag tot", sagt Helmy mit Nachdruck. „Das Kopieren des Konzepts an anderen Orten kann nicht funktionieren, wenn sich dort keine lebendigen Gemeinschaften bilden, die die Ideen beständig standortgemäß weiter entwickeln." Die Sekem-Universität nimmt daher eine tragende Rolle ein, wenn es darum geht, das Wissen zu verbreiten. „Wir hoffen, dass die Studenten später in ihrer Heimat zu Aktivisten werden."

Oh je, an dieser Stelle muss ich tief durchatmen. Ich erkenne, dass ich noch mehr Geduld aufbringen muss. Manchmal bin ich sogar ein wenig verzweifelt, wenn sich positive Folgen von Initiativen (scheinbar) nicht einstellen möchten. So steigt zwar in Deutschland der Umsatz mit Bio-Lebensmitteln jedes Jahr aufs Neue, aber der Anteil der ökologisch bewirtschafteten Ackerfläche wächst kaum. Auch profitieren durch Marktdruck und andere Faktoren nicht alle Bio-Bauern am Boom. Global betrachtet nehmen die Umweltschäden mit teilweise erschreckendem Tempo zu. Unvorstellbare Mengen an natürlichen Ressourcen verschleudern wir mit unserem Lebensstil unwiederbringlich. Tag für Tag. Haben wir nicht irgendwann den Punkt erreicht, an dem alles verloren ist? „Ich bin fest davon überzeugt, dass wir gemeinsam bis zur letzten Sekunde das Ruder herumreißen können", gibt sich Helmy selbstbewusst. Je höher der Druck anlässlich diverser Krisen sei, umso eher seien Menschen zu einem Wandel bereit. Noch würden viele das Gefahrenpotenzial unseres schädlichen Wirtschaftens noch gar nicht erkennen, geschweige denn spüren.

„Die meisten Leute leben nicht aus der Zukunft, sondern aus der Vergangenheit und können sich demnach auch nicht vorstellen, dass die Zukunft völlig anders sein kann. Sie können nicht glauben, dass in zehn bis zwanzig Jahren vieles von dem, was wir heute gewohnt sind, nicht mehr existieren wird." Wer könne sich schon vorstellen, dass wir uns anders ernähren, wohnen und weniger Energie verbrauchen werden? „Je stärker äußere Ereignisse uns daran erinnern, neue Wege beschreiten zu müssen, desto mehr Menschen werden aufbrechen – hoffentlich noch vor den größten Krisen."

Da hilft es, wie Helmy betont, sich an die eigene Nase zu fassen. „Wie gerne verändere ich mich überhaupt, wie leicht fällt es mir, mich unbequemen Wahrheiten zu stellen und meine Handlungsmuster zu hinterfragen? Wie nachhaltig kann ich mich auf etwas Neues einlassen?" In unserem hektischen Alltag und den vielfältigen Zerstreuungsmöglichkeiten sind wir häufig Meister im Verdrängen.

Augenblicklich fühle ich mich ertappt: Erst als ich Ende 2008 äußerst schwer am depressiven Erschöpfungssyndrom erkrankte, war ich bereit, neue Wege zu beschreiten. Bereit? Ich war gezwungen! Es hieß hopp oder top! Die Warnzeichen meines Körpers und meines Umfeldes hatte ich zu lange ignoriert, da ich im Grunde in meinen Verhaltensmustern – insbesondere durch meine damalige Arbeitssucht bedingt – gefangen war. Erst als mich mein Körper dazu zwang, hinterfragte ich meinen Lebensstil, und ohne diese persönliche Existenzkrise hätte ich ihn niemals so konsequent auf den Prüfstand gestellt und dermaßen nachhaltig einen neuen Weg eingeschlagen. Meine anfängliche Persönlichkeitsentwicklung fußte demnach alles andere als auf freiwilliger Basis. Die einzige „Alternative" wäre damals Suizid gewesen: Entweder durch eine geplante Tat oder durch einen unbewusst herbeigeführten Herzinfarkt oder ähnliches. Heute erinnere ich mich mit einem Schaudern, dass ich es einmal darauf angelegt hatte, tödlich zu verunglücken. Tja, wenigstens musste ich für meine Einsichten nicht extra in ein ägyptisches Gefängnis in Untersuchungshaft geraten – immerhin etwas!

Doch ich habe ein „Problem": In den letzten Jahren habe ich mich intensiv mit Alternativen beschäftigt, die ich heute gerne leben möchte. Zeitweise fühlt es sich an, als lebe ich in zwei Welten: In der realen und in der möglichen Welt. Manchmal empfinde ich das als anstrengend, woraus auch ein Teil meiner Ungeduld resultiert. „Wir dürfen aber auch nicht vergessen, dass es handfeste Interessen gibt, den Status Quo zu erhalten", meint Helmy. „Im Falle der Landwirtschaft werden Milliarden Gewinne mit Kunstdünger und Pestiziden eingefahren und einige Konzerne würden gerne sehen, dass ihre genmanipulierten Pflanzen den Markt beherrschen."

Für diese Interessen stehen intelligente und kreative Menschen ein, die zudem über große finanzielle Mittel und einen erheblichen politischen Einfluss verfügen. „Wir haben noch etliche Nüsse zu knacken, um mit unserer ökologischen Haltung zum Mainstream zu gehören." Scheinbar verfügt Helmy über eine enorm große Frustrationstoleranz. „Es wäre falsch zu behaupten, ich stünde immer gleich gut über den Dingen", gibt er zu. „Mir ist es aber wichtig, meinen Spaß am Leben zu erhalten, auch wenn ich mich immer wieder ärgere." Wir würden nun einmal mitten in einem großen Transformationsprozess leben, der nicht immer reibungslos vonstatten gehe und vieles aufwühle. Daher müsse man sich und seinen Mitmenschen auch Zeit geben. „Anstatt auf die anderen zu warten, dass sie das Richtige tun, fange ich lieber an. Dabei ist es wichtig, auf die anderen zu vertrauen, die zur rechten Zeit folgen werden." Weiter meint er: „Letztlich geht es in unserem Leben darum, unser wahres Selbst zu entdecken, unsere Fähigkeiten zu fördern und diese in unsere Gemeinschaft einzubringen." Helmy freut sich mit dieser Grundeinstellung jeden Tag auf seine Arbeit, wobei er dankbar ist, diese ausüben zu können. „Ich kann niemandem empfehlen, den Weg des geringsten Widerstands und des höchsten Profits zu gehen."

In seinen Augen braucht es keine Profitmaximierung und weiteres Wirtschaftswachstum auf Teufel komm raus. Schon heute gibt es genügend Geld, welches allen Menschen weltweit ein gutes Leben ermöglichen würde – es ist nur leider ungerecht verteilt. Daher ist es für ihn unerlässlich, mit Leuchtturmprojekten wie Sekem so viele Menschen wie möglich zu inspirieren. „Wenn wir einen sozioökologischen Wandel wollen, müssen wir ihn in die eigenen Hände nehmen, auch wenn dadurch eventuell unbequeme Übergangszeiten auf uns zukommen."

SINA TRINKWALDER
Firmengründerin *(Foto: manomama)*

KAPITEL 11

»Der wahre Reichtum ist Zufriedenheit«

Ich spüre schon die Argumente auf mich einprasseln: *Im fernen Ägypten ist es bestimmt leichter, sozio-ökologische Utopien zu wagen und zu leben. In Deutschland ist dies sicherlich unmöglich, alleine schon die Bürokratie, die Lohnkosten und dergleichen machen jeglicher Vision vom sozialen Wirtschaften im Einklang mit der Natur doch einen Strich durch die Rechnung.* Dem widerspricht meine nächste Gesprächspartnerin vehement. Sie ist der Meinung, dass es Wunder gibt – man sie aber selber machen muss.

Zuerst wollte ich gar nicht nach Augsburg fahren, um Sina Trinkwalder, die Gründerin von *manomama* zu treffen. Schließlich taucht ihr Name ständig in den Medien auf, wozu soll ich sie da noch interviewen? Wenn ich diese Überlegung jedoch laut ausspreche, spüre ich, wie lahm diese Ausrede ist. Trinkwalders Buch „Wunder muss man selber machen – Wie ich die Wirtschaft auf den Kopf stellte" habe ich in einem Zug ausgelesen, so fasziniert war ich von der Geschichte. Mein „Fehler" war, abends mit der Lektüre zu beginnen, und so landete ich erst in den frühen Morgenstunden in meinem Bett. An Schlaf war jedoch nicht zu denken, zu sehr beschäftigten mich der Inhalt und die klaren Worte. Sollte es tatsächlich möglich sein, unsere Arbeitswelt umzukrempeln? Kann Öko so einfach sein? Ist Trinkwalders Wunder reproduzierbar?

Keine Frage, ich muss diese Frau treffen. Doch woher kommt meine Unlust? Schnell merke ich: Tief in meinem Inneren bin ich neidisch. Zwar gönne ich ihr jeglichen Erfolg, doch zu gerne hätte ich die gleichen Möglichkeiten, um meine Träume endlich zu verwirklichen. Leider verfüge ich nicht über Trinkwalders Kapital. Doch fast täglich träume ich von meinen Projekten. Na ja, vielleicht sollte ich zunächst einmal dieses Buch zu Ende schreiben, denn hier wartet noch genug Arbeit auf mich – Arbeit, die ich als extrem sinnstiftend empfinde. So bin ich an jedem Tag, an dem ich wieder einige Zeilen zu Papier gebracht, vorhandene Ideen geordnet und neue hinzugewonnen habe, glücklich. Was mich zum Eingangszitat in der Überschrift führt:

„Der wahre Reichtum ist Zufriedenheit."

Ihr Geld hat Sina Trinkwalder hart verdient, es steht ihr zu und sie investiert es mittlerweile auch sinnvoll, nämlich in Menschen, die in unserer Gesellschaft kaum eine Chance haben. Denn sie fertigt in Augsburg nicht nur ökologische Textilien mit Rohstoffen aus der Region, nein, sie bietet Menschen einen festen Arbeitsplatz, die auf dem regulären Arbeitsmarkt schon lange aussortiert worden sind: Migrationshintergrund, zu alt, zu lange arbeitslos, Handicap, alleinerziehend und so weiter.

Wie bereits erwähnt, war und ist Trinkwalder finanziell abgesichert. Nach dem Abitur im Alter von 19 Jahren gründete sie mit ihrem damaligen Freund und heutigem Ehemann eine Werbeagentur. Ab einem gewissen Punkt spürte sie allerdings keine Freude mehr an der Aufgabe, mittels Marketing den Konsum künstlich anzuheizen. Kurz gesagt, vermisste sie den Sinn.

Am 30. November 2009 ereigneten sich zwei „Erweckungserlebnisse" an einem einzigen Tag, die das Fass zum Überlaufen brachten.

Nach einem Kundenbesuch wartete Trinkwalder am Bahngleis auf ihren Zug und blätterte lustlos in Hochglanz-Modemagazinen. Schließlich warf sie einen Teil der Hefte in den Papierkorb. Kurz darauf fischte ein Obdachloser eben diese wieder aus dem Müll, was Trinkwalder irritierte. Zu spät fand sie ihre Sprache wieder und musste dem Mann laut hinterherrufen, dass sie noch weitere Magazine für ihn hätte, mit denen sie wie zum Beweis in der Luft wedelte. Bevor der Mann jedoch bei ihr war, fuhr ihr Zug ein, in den sie aber nicht einsteigen konnte. Bis heute weiß sie nicht genau, warum. Sie spürte einen inneren Drang, mit dem Mann zu reden, der auch zur Stelle war, als ihr Zug ohne sie abfuhr. Als sie ihn fragte, wofür er Modemagazine für Frauen benötigte, bekam sie eine überraschende Antwort. Er und seine Frau seien obdachlos und lebten in Bahnhofsnähe. Für die Feiertage bastelten sie sich jedes Jahr Weihnachtsschmuck aus alten Zeitschriften. Verdattert nahm Trinkwalder zur Kenntnis, dass für andere Menschen etwas wertvoll ist, was sie gedankenlos im Müll entsorgt. Das war Erlebnis Nummer eins, das zweite folgte einige Stunden später. Als sie mit ihrem Mann und dem damals vierjährigen Sohn beim Abendbrot saß, stand der Kleine unvermittelt auf und warf die Reste seines Essens in den Mülleimer. Seine Mutter sprang auf und stellte ihn zur Rede. Im Kindergarten würden sie das Essen auch immer in den Müll werfen, wenn sie satt seien. *Ja, in welcher Welt leben wir eigentlich?*, ging es Trinkwalder durch den Kopf.

Einige Monate später gründete sie manomama. Sie wollte etwas produzieren, was man anfassen konnte, und auch die Hürden des beruflichen Wiedereinstiegs für Menschen, die auf dem regulären Arbeitsmarkt kaum eine Chance bekommen, so niedrig wie möglich halten. Für Trinkwalder lag nach kurzem Überlegen nichts näher, als an die alte Augsburger Textil-Tradition anzuknüpfen. Früher wurde in der bayerischen Stadt fleißig genäht, gesponnen und gewoben. Im großen Stil sind diese Zeiten allerdings passé.

„Spinnen" ist das richtige Stichwort, denn Trinkwalder hatte weder Ahnung von der Textilbranche, noch konnte sie nähen. Das brachte sie sich mit Hilfe von fachkundigen Personen und ihrer Sturheit in langen Nächten selber bei. Ihr gesamtes Privatvermögen investierte sie in ihre Vision und ist damit erfolgreich – auch wirtschaftlich. So mancher BWL-Profi mag sich angesichts dessen ratlos am Kopf kratzen. Insgesamt 150 Mitarbeiterinnen beschäftigt Trinkwalder heute, die sie liebevoll „Ladys" nennt; es gibt aber auch ein paar „Gentlemen", die möchte ich an dieser Stelle nicht unerwähnt lassen. Alle bekommen einen unbefristeten Arbeitsvertrag und auf den gesetzlichen Mindestlohn (8,50 Euro pro Stunde) pfeift die Unternehmerin. Jeder erhält mindestens 10 Euro. Sie selber ist dabei keine Ausnahme. Anfangs hatte sie sogar auf ein Gehalt verzichtet, doch das zuständige Finanzamt war damit nicht einverstanden. Es gibt Näherinnen, die mehr verdienen als die Chefin. Lange Rede, ganz viel Sinn: Ich muss nach Augsburg, um diese „Spinnerin" persönlich zu treffen.

An einem verregneten Dienstag Anfang Juli 2014 ist es so weit. Am Augsburger Bahnhof steige ich in ein Taxi und erkläre dem Fahrer, dass ich zu manomama möchte, und nenne die Anschrift. Das hätte ich mir sparen können, denn sein Gesicht hellt sich auf: „Da arbeitet mein Bruder!" – „Echt?", entgegne ich skeptisch, denn ich glaube, der Fahrer möchte mich auf den Arm nehmen. Bei manomama arbeiten hauptsächlich Frauen und nur eine handvoll Männer. Wie groß ist demnach die Wahrscheinlichkeit, dass ich ausgerechnet in das Taxi eines Bruders steige?

Nach wenigen Minuten Fahrt erreiche ich einen von außen unscheinbaren industriellen Zweckbau, in dem Trinkwalders manomama und die Werbeagentur ihres Mannes den Sitz haben. Neugierig werfe ich einen Blick in die Halle, in der fleißig Einkaufstaschen genäht werden. Ein Zettel an der Tür verrät mir, dass sich die Besucher bitte im ersten Stock melden möchten. Eine Treppe später stehe ich etwas ratlos alleine in einem Flur, denn es gibt keinen Empfang. Nun stecke ich meinen Kopf in ein Büro, welches wohl zur Werbeagentur gehört: Mehrere Personen arbeiten konzentriert an ihren Computern. „Hallo, ich habe einen Interviewtermin mit Sina Trinkwalder." Sofort springt ein hilfsbereiter Mann auf und führt mich zu einem Balkon. Dort steht die manomama-Gründerin, raucht eine Zigarette und spricht mit zwei Mitarbeitern. Zur Begrüßung gibt sie mir die Hand, stellt mir die beiden Mitarbeiter mit Vornamen vor und sofort sind wir beim Du gelandet. Ich hatte ja im Vorfeld gewusst, dass Sina in dieser Hinsicht unkompliziert ist, und mir ist das „Du" sehr recht.

Nachdem die Zigarette aufgeraucht ist, gehen wir in ihr Büro, welches sie sich nicht nur mit ihrer „rechten Hand" Miriam teilt, sondern in dem auch das kreative Chaos untergebracht ist. Überall liegen Papiere, Taschen und sonstige Utensilien herum. Wie war das gleich? Ach ja: Das Genie durchblickt das Chaos, nur der Kleingeist hält Ordnung. Ich nehme Sina gegenüber Platz, als sie mich schockt. Sie wisse zwar, dass ich heute einen Termin bei ihr habe, aber nicht genau, worum es gehen soll. Zudem habe sie wenig Zeit. Etwas verdattert erkläre ich ihr, dass unser Interview für mein neues Buch ist und schon eineinhalb Stunden dauern kann. Doch meine Sorgen sind unbegründet: Wir beginnen mit dem Gespräch und Sina nimmt sich Zeit, damit ich sie als Menschen ein wenig kennenlernen kann. Lediglich ein wichtiges Telefonat unterbricht uns für wenige Minuten.

Als erstes möchte ich von ihr wissen, warum sie das Studium der Betriebswirtschaftslehre bereits nach vier Semestern abgebrochen hat. „Na, um mir mein Resthirn zu konservieren", sprudelt es aus ihr heraus. „Du bekommst dort vollkommen abstrakte Dinge gelehrt, die du dann in komplizierten Formeln berechnest. Vor allem aber wird dir das eigenständige Denken aberzogen. Als guter Unternehmer braucht man im Grunde lediglich die vier Grundrechenarten."

Bereits bei ihren Kunden in der Werbeagentur hatte sie mehr und mehr auch unternehmerisch mitgestaltet. So zählte es zu ihren Aufgaben, Entlassungen zu managen. Damals war sie noch überzeugt, dass dies notwendig sei. „Allzu genau durfte ich aber nicht darüber nachdenken, denn ansonsten hätte ich mich wohl ziemlich mies gefühlt." Sie tröstete sich jedoch in der Annahme, dass nicht nur den jüngeren, sondern auch den älteren MitarbeiterInnen der Arbeitsmarkt offen stand. *Die finden bestimmt wieder schnell eine (gute) Arbeit.* Heute ist sie schlauer, wie sie sagt. „Als Unternehmensberater bist du die Lebensversicherung des Managers", erzählt sie weiter. „Unangenehme Dinge hat immer der Berater ausgeheckt und wenn es schief geht, ist er der Sündenbock. Zündet aber eine Idee, dann ist das natürlich der Erfolg des Managers. Als Ausgleich hast du dann halt ein höheres Honorar bekommen." Schmerzensgeld oder Sinnersatzprämie sind die Schlagworte.

Auch „abschöpfende" Berufe verachtet sie mittlerweile: Das sind in ihren Augen all jene Gesellen, die sich selber nicht an der Wertschöpfung beteiligen, wie zum Beispiel Bankberater. Auch für andere Zweige findet sie deutliche Worte. „Werbung ist eine Hilfswissenschaft, die kein Schwein braucht. Wenn du ein gutes Produkt anbietest, setzt es sich alleine durch. Das zeigt sich auch bei manomama, denn wir machen keine Werbung." Ob sie diese Meinung auch gegenüber den Kunden ihres Mannes vertritt? Auf jeden Fall sind die Agenturzeiten für Sina vorbei und sie scheint sie kein Stück zu vermissen. „Früher habe ich letzten Endes für meinen eigenen Erfolg gearbeitet und heute tue ich dies für das Glück der anderen." Jeden Tag gäbe es schöne Momente, man müsse sie nur wahrnehmen. Wenn ein Mensch drei Monate lang im Koma lag, wieder zur Arbeit kommt, die Ladys aufstehen und klatschen. Wenn bereits am Donnerstag die benötigte Stückzahl an Taschen gefertigt ist (und nicht erst auf den letzten Drücker am Freitag) oder wenn die Kaffeemaschine endlich wieder läuft. „Wer sich auch an kleinen Dingen erfreuen kann, führt ein gutes Leben."

Für viele Menschen ist manomama tatsächlich ein großer Grund zur Freude. Mittlerweile arbeiten hier viele, die auf dem normalen Arbeitsmarkt kaum oder gar keine Chance haben. Denn längst wird in der ehemaligen Textilstadt Augsburg „dank" der Globalisierung nicht mehr genäht. Das passiert nun in China, Bangladesch, Indien – eben dort, wo es günstig ist. Daher gibt es etliche Näherinnen, die in ihrem Alter und vor allem in ihrem Beruf, der sie mitunter jahrzehntelang begleitet und Freude bereitet hat, keine passende Arbeitsstelle mehr finden.

Sina und ich rätseln zudem, warum sich so viele Unternehmer scheuen, eine alleinerziehende Mutter einzustellen. 2008 suchte ich für mein kleines Fuldaer Medienbüro eine Schreibkraft auf 400-Euro-Basis. Es waren wenige Monate vor meinem endgültigen Zusammenbruch und ich alleine konnte die Arbeit nicht mehr bewältigen. Meine Kräfte schwanden zusehends, obwohl ich dies nicht wahrhaben wollte. Also schaltete ich in der regionalen Tageszeitung eine Stellenanzeige, die ich telefonisch durchgab. Als letzter Hinweis sollte drin stehen, dass sich gerne auch Mütter bewerben könnten. „Wollen Sie das wirklich so reinschreiben?", fragte mich die Dame von der Anzeigenabteilung verdutzt. Ich konterte mit einer Gegenfrage: „Ja, warum denn nicht? Die Arbeit kann unter der Woche flexibel eingeteilt werden, sie muss nur jeweils am Freitag erledigt sein. Das ist doch ideal für Mütter, oder nicht?" „Das ist ja toll!", kam als Antwort. – Auch Sina weiß kein echtes Argument, um Müttern eine Anstellung zu verweigern. Natürlich kann das Kind krank werden und die Mutter muss dann zu Hause bleiben. Doch diese Ausrede ist mehr als lahm. Gehen denn alle davon aus, dass eine alleinerziehende Mutter kein intaktes soziales Umfeld hat, welches helfend einspringt? „Es geht ja auch umgekehrt: Deine Mutter kann krank werden und du musst sie zum Arzt bringen. Oder dein Roller geht kaputt, weiß der Geier", meint Sina. In nahezu jeder Stellenanzeige wird Flexibilität gefordert. Wo bitte bleiben flexible Unternehmer? In unseren High-Tech- und Supermanagement-Zeiten soll es nicht möglich sein, alleinerziehende Mütter oder Väter einzustellen? Zu aufwendig, zu kompliziert? Leute, wo bleibt denn da die Innovation, die immer gepredigt wird? Es steht fest, wir kommen an dieser Stelle der Lösung keinen Schritt näher. Daher wandern wir zum nächsten Thema.

Ich stelle es mir schwierig vor, aus Menschen, die schon oft enttäuscht wurden und es seit langem gewohnt sind, sich als Einzelkämpfer durchs Leben zu schlagen, eine echte Gemeinschaft zu gewinnen. „Pfff, das ist ganz leicht. Alles, was es braucht, ist Zeit und Geduld. Doch in der konventionellen Wirtschaft herrscht an beidem Mangel." Stets komme es auf den einzelnen Menschen an: Bei dem einen lege sich sofort ein Schalter um, andere bräuchten dafür vielleicht ein ganzes Jahr. „Man muss allen die Zeit und den Raum geben, um ihre Fähigkeiten (wieder) zu entdecken und Sicherheit zu gewinnen. Dann integrieren sie sich gerne in die Gemeinschaft und gestalten diese aktiv mit." Auch sei es Quatsch, dass sich die Mitarbeiter erst das Vertrauen erarbeiten müssen. „Ich verschenke es." Auch wenn das bereits zu Enttäuschungen geführt hat.

So haben vereinzelt Mitarbeiterinnen den Betrieb mit einem Wohlfahrtsverein verwechselt und immer langsamer gearbeitet oder auch mutwillig Maschinen sabotiert. Einige haben ihre Kolleginnen gemobbt, um selber besser dazustehen, indem sie andere erniedrigten. Sina musste darüber hinaus erkennen, dass sich nicht jeder in und mit einer Gemeinschaft weiter entwickeln möchte und sie keine professionelle psychologische Hilfe leisten kann. „Zehn Prozent unserer Gesellschaft besteht aus Arschlöchern, die gibt es nun mal überall. Mittlerweile bin ich auch nicht mehr enttäuscht. Viel lieber erfreue ich mich an neunmal *Ja,* bevor ich mir von einem *Nein* die Laune vermiesen lasse. Das musste ich in den letzten Jahren aber erst lernen", gesteht Sina. „Wenn es bei uns kracht, dann kracht es richtig. Wir arbeiten mit Menschen, die sonst keiner mehr will, und bei manchen gibt es auch Gründe, warum sie keine Arbeit gefunden haben. Besonders dann, wenn sie sich asozial verhalten, und das kann ich auch hier bei aller Liebe nicht tolerieren."

Noch nie hat Sina jemanden entlassen, der ihr persönlich nicht gepasst hat. Wer jedoch nachweislich die Gemeinschaft schädigt, muss gehen. Egomanen, die nur nach ihrem eigenen Vorteil streben, sind auch bei manomama fehl am Platz. „Vor einer Kündigung hat es aber schon etliche Gespräche gegeben, denn wir reden offen miteinander", stellt Sina klar. Alles in allem ist sie durch ihr Unternehmen ruhiger und gelassener geworden. Heute macht sie aus Dingen, die sie nicht ändern kann, das Beste – auch wenn sie immer noch „bockstur" ist.

Sina ist sehr liberal. Sie möchte Wirtschaft für den Menschen machen, so dass jeder eine Chance hat, seinen eigenen Lebensunterhalt zu verdienen. „Es soll jeder das tun, was er für richtig hält. Wenn Leute glauben, sie bräuchten den Raubtierkapitalismus, dann sollen sie halt machen. Wir zeigen allerdings, dass man auch auf andere Art wirtschaftlich erfolgreich sein kann, und so freue ich mich über jeden Gleichgesinnten. Wir haben die Wahl, in welchem System wir leben wollen." Sina weiß, dass sie alleine die Wirtschaft nicht umkrempeln kann, denn dazu bedarf es vieler Mitstreiter. Mittlerweile ertrinkt sie förmlich in Bewerbungen, aber sie kann nicht allen Menschen helfen. „Ich bin ja nicht Mutter Theresa", sagt sie lachend. „Vielmehr bin ich ein optimistischer Realist. Niemand rettet die Welt im Alleingang." Zudem können ja auch nicht alle Menschen bei ihr arbeiten, denn außer Naturtextilien brauchen wir noch viel mehr zum Leben. Sinas Engagement endet daher nicht am Werkstor und so hält sie unter anderem auch Vorträge in Arbeitsagenturen. Sie möchte vermeiden, dass sich Menschen aufgeben, indem sie ihnen klarmacht, dass auch ihre Fähigkeiten gebraucht werden. „Jedes Unternehmen trägt gesellschaftliche Verantwortung."

Ebenso plädiert Sina für ein neues Karrieredenken: „Unter Karriere verstehen wir allgemein, wieviel Geld jemand verdient, wie groß der Firmenwagen ist und wieviele Menschen er unter sich hat." Spontan muss ich an einen Witz denken, doch ich verkneife ihn mir im Gespräch, aber den Lesern möchte ich ihn nicht vorenthalten: Treffen sich nach etlichen Jahren zwei ehemalige Klassenkameraden.

Fragt der eine: ‚Na, was machst du so?‘ Sagt der andere: ‚Du, ich habe mittlerweile über 300 Leute unter mir.‘ Beeindruckt möchte sein Gesprächspartner wissen, wo er denn arbeite. ‚Na, auf dem Friedhof!‘

Zurück zu Sina: „Ich habe niemanden *unter,* sondern viele *neben* mir und das ist in meinen Augen eine schöne Karriere. Nach meinem Gefühl geht die Zeit der monetären Statussymbole zu Ende. Für mich ist sie das definitiv schon.“

Bislang stellt Sina allenfalls vereinzelt ein Umdenken bei anderen Firmen fest. „Für die große weite Wirtschaftswelt sind wir immer noch die ‚Behindertenwerkstatt‘ und deswegen werden wir oft nicht ernst genommen. Wir haben aber langsam gelernt, damit zu leben.“

Wer manomama in einer sozial-romantischen Nische verortet, macht es sich aber zu leicht. Sie betreibt „öko“ nicht als „Gutmenschentum“ und verzichtet auf romantische Schwärmerei. Für sie ist ihr Handeln eine logische Konsequenz, möchte man gerecht mit Mensch und Umwelt umgehen. Darüber hinaus ist Sina sicher, dass ihre Arbeitsweise auch in anderen Branchen angewendet werden kann. Man dürfe sich vor der damit verbundenen Verantwortung allerdings nicht fürchten. „Angst verhindert, dass man Dinge überhaupt angeht, während der Respekt ein guter Ratgeber ist.“

Es brauche aber auch hier Zeit, um über Jahrzehnte eingefahrene Unternehmenskulturen zu ändern. „Wenn ich mir zwanzig Jahre lang Übergewicht anfresse, bin ich ja auch nicht nächsten Dienstag wieder schlank.“ Doch Sina sieht weitere Herausforderungen: „Das Management kann oft gar nicht mehr effektiv arbeiten, geschweige denn im Betrieb mal selber die Ärmel hochkrempeln und anpakken, wenn jede helfende Hand gebraucht wird.“ Als es beim ersten Taschenauftrag von der Drogeriekette dm brenzlig wurde, nähte Sina selber Tag und Nacht mit. Die Einarbeitungszeit der Mitarbeiterinnen hatte länger gedauert als gedacht, wodurch der Zeitplan ordentlich durcheinandergeriet. Auch heute noch sitzt Sina hin und wieder an der Nähmaschine. Für sie ist es körperlich anstrengender als für die Näherinnen, die dies täglich tun. „Wenn Manager aus der konventionellen Wirtschaft ohne Umdenken und mit ihren herkömmlichen Methoden das Gleiche wie wir machen würden, wären sie schon morgen pleite.“

Oh ja, leistungsbereit ist Sina und ich hoffe, dass sie sich mit ihrem Tempo nicht schadet. Wieviele Stunden pro Woche sie arbeitet, kann oder will sie gar nicht genau sagen, aber es sind definitiv mehr, als sie im Vorfeld ahnte. Zum Glück habe sie nicht gewusst, was alles auf sie zukommt, sagt sie mit einem Lachen. „Wenn ich aber ehrlich bin, arbeite ich ja gar nicht mehr, sondern tue das, was mir Spaß macht." Sie sei schon immer so quirlig gewesen. „Ich habe weitaus mehr Energie, als ich für mich alleine benötige. Warum soll ich sie im Fitnessstudio verpuffen lassen, wenn ich sie sinnvoll für mich und andere Menschen einsetzen kann?"

Zeit für die Familie gibt es im Arbeitsalltag wenig, allerdings wird jedes Jahr einen Monat lang gemeinsam ausgespannt. Ihr Sohn sei es nicht anders gewohnt und da ihr Mann im gleichen Gebäude arbeitet, sehen sie sich häufiger als andere berufstätige Paare. „Uns war von Anfang an klar, dass die Familie in den Hintergrund treten muss, wenn wir eine solche Unternehmung wie manomama starten. Unsere Aufgabe im Leben ist es halt, für andere da zu sein, und das ist auch völlig in Ordnung", sagt Sina und stellt sofort klar: „Mit Helfersyndrom hat das aber nichts zu tun. In vielerlei Hinsicht geht es in unserem Land ungerecht zu und deswegen ändere ich halt was."

Sinnvolle Arbeit als Möglichkeit der Teilhabe sei das Stichwort. „Wir sollten uns aber nicht anmaßen, Sinn für alle Menschen zu definieren. Das ist eine rein individuelle Größe", meint Sina ernst und untermauert ihre Aussage mit einem Beispiel. Sie empfinde es persönlich nicht als sinnvoll, den ganzen Tag Taschen zu drehen – das ist ein Arbeitsschritt beim Fertigen. „Für unsere Brigitte ist das aber der Himmel auf Erden."

Geld ist Sina heute nicht mehr wichtig. „Woanders könnte ich deutlich mehr verdienen als die zehn Euro pro Stunde bei manomama", wobei sie lachend ergänzt: „Wahrscheinlich liege ich selber bei einem Stundenlohn von fünf Euro, wenn ich meine komplette Arbeitszeit so sehe." Seitdem ihr Privatvermögen in manomama steckt, schläft sie aber deutlich ruhiger. Früher bedeutete das Beobachten des Aktiendepots Stress. Wieviel habe ich gewonnen, wieviel verloren, wann muss ich kaufen, wann unbedingt verkaufen? Heute kommt sie morgens an die Arbeit und sieht die Maschinen in der Halle stehen. „Mein Geld ist wieder da, wo es hingehört: im Kreislauf", sagt Sina stolz. Auch rechnet sie mit einer deutlich geringeren Marge, denn ihre regionale Öko-Kleidung soll bezahlbar bleiben. In Wahrheit wird Markenkleidung meist billig hergestellt und nur aufgrund des Markennamens teuer verkauft. Was für ein Schwachsinn. „Ich brauche nur soviel Geld, wie ich für das Umsetzen meiner Visionen benötige." Außerdem sollte sich jeder klar machen: „Immer, wenn jemand mit wenig Arbeit viel Geld verdient, muss es auch Menschen geben, die mit viel Arbeit wenig Geld verdienen."

Unterstützung von Banken hat Sina nicht erhalten, worüber sie im Nachhinein auch froh ist. So braucht sie nirgends Rechenschaft ablegen, ist niemandem etwas schuldig geblieben und kann selbstbestimmt arbeiten. Als das Geschäft jedoch lief, wäre die Deutsche Bank gerne mit im Boot gewesen, nachdem sie das anfängliche Risiko gescheut hatte. Einen allzu großen Vorwurf möchte Sina aber der Bank nicht machen, schließlich war manomama von Anfang an eine „Spinner"-Idee. Wer hätte geglaubt, dass es tatsächlich funktioniert? In Augsburg die ausgestorbene Textilindustrie mit Öko-Kleidung und -Taschen ausgerechnet mit Menschen zu beleben, die auf dem regulären Arbeitsmarkt kaum einer haben will, hört sich ebenso verrückt an, wie mitten in der ägyptischen Wüste Gemüse anbauen zu wollen. Keine Frage: Um bei Sinas Unternehmung den Erfolg zu sehen, war im Vorfeld eine übergroße Portion Phantasie gefragt. Zumal zwei Millionen Euro benötigt wurden …

Zudem konnte und wollte Sina keinen Businessplan vorlegen. „Zeig mir mal einen Businessplan, der funktioniert", fordert mich Sina auf. „Mich hat das Ganze schon immer an Kaffeesatz-Leserei erinnert", gebe ich offen zu, denn auch als gelernter Kaufmann kann ich mit dieser Art von Zahlenspielen nichts anfangen. „Im Endeffekt setzt du nur die Zahlen ein, die dir und dem Bankberater gefallen. Mehr ist das nicht", meint auch Sina. „Würde ich heute rückblickend einen Businessplan über die tatsächliche wirtschaftliche Entwicklung von manomama schreiben, würde man mich sofort einweisen lassen."

Der Durchbruch kam mehr oder weniger unverhofft, als die Drogeriekette dm einen Auftrag über 175.000 Einkaufstaschen vergab. Damit stand Sinas Konzept Kopf: Eigentlich wollte sie nur Kleidung fertigen und keine Taschen im industriellen Maßstab. Doch genau dies hat sich als idealer Einstieg für neue MitarbeiterInnen erwiesen. Eine Wende also, die niemand vorher ahnen konnte.

Es folgte eine weitere Planänderung: Zunächst sollte jede Näherin ein komplettes Werkstück fertigen, dann wurde auf Wunsch der Frauen doch eine Arbeitsteilung eingeführt. Hier können Neulinge besser üben, denn es gibt Arbeitsschritte, bei denen man selbst mit zwei linken Händen nichts falsch machen kann, wie es heißt. Ideale Posten, um Selbstsicherheit und Vertrauen zu gewinnen. Denn neben professionellen Näherinnen gibt es auch etliche Quereinsteigerinnen im Betrieb.

Von Anfang an verzichtete Sina auf ein Bio-Siegel, da sie lieber nach Sinn statt nach Siegel arbeitet. „Ein Bio-Siegel ist der kleinste gemeinsame Nenner einer großen Industrie, um den Konsumenten zu verarschen. Darüber hinaus stellt es für kleine Unternehmen eine Markteintrittsbarriere dar, da sie sich die Zertifizierung schlicht nicht leisten können." Für die Textilbranche ist beispielsweise der Global Organic Textile Standard (GOTS) ein wichtiges Siegel. „Nach den Statuten ist Kinderarbeit nicht erwünscht, aber auch nicht verboten. Ich fertige in Deutschland und beziehe von deutschen Rohstofflieferanten. Bei uns ist Kinderarbeit gesetzlich verboten. Was brauche ich dann noch ein Siegel?" Generell setzt Sina lieber auf Transparenz und Vertrauen. „Bei uns kann jeder schauen. Wir haben keinen Werksschutz und du hast vorhin ja auch schon einen Blick in die Halle werfen können. Auch unsere Kunden können die Lieferanten alles fragen. Wenn du dem Weg deines Herzens folgst, dann machst du die Dinge aufrichtig. Dafür gibt es eh kein Zertifikat." Ein schönes Schlusswort für unser Interview.

Nach unserem Gespräch möchte ich mir noch den Betrieb näher ansehen und so gibt mich Sina an Gerda weiter. Gerda kennt noch die Zeiten, als in Augsburg die Textilindustrie blühte. Ihre Augen leuchten, als sie mir erzählt, dass sie froh ist, auch in ihrem Alter wieder in einer Näherei arbeiten zu können. Nachdem sie bereits bei mehreren Unternehmen tätig war, ist sie bei manomama vor allem für die Qualität verantwortlich. Die müsse ja stimmen. In einem großen Raum sitzen etliche Näherinnen an den Maschinen und dennoch empfinde ich es nicht als zu laut. Zudem ist es nicht zu eng und dennoch schaffe ich es, hin und wieder im Weg zu stehen. „Wir sind hier eine gute Gemeinschaft", sagt Gerda. „Ich gehe gerne an die Arbeit. Es fühlt sich fast schon so an, als wäre das hier meine eigene Firma." So etwas habe sie nie zuvor gespürt. Obwohl sie in Sina eher eine Freundin sieht, hat sie vor der Chefin Respekt. Frei von Hektik laufen wir durch die Halle: Hier werden Taschen geriegelt (Sicherheitsnaht, damit die Träger halten), hier ist der Zuschnitt und weiter hinten werden Hosen, Unterwäsche, Kleider und T-Shirts genäht.

Auf meinen Wunsch hin führt mich Gerda auch zu dem fraglichen Mitarbeiter, der der Bruder meines Taxifahrers sein soll. Ansonsten hätte ich mich ewig gefragt, ob ich mich habe veralbern lassen. „Hi, ich bin der Jens und ich soll dir schöne Grüße von deinem Bruder ausrichten." Die Geschichte stimmt, die beiden sind Geschwister. Aber es kommt noch besser. Eine Kollegin habe ihm einmal auf ihrem Mobiltelefon ein Foto gezeigt, auf dem der Mitarbeiter als zehnjähriger Junge zu sehen ist. „Habe ich von deinem Bruder, der hat mich mal mit dem Taxi gefahren." Humor haben die beiden ja …

Ein wenig bekümmert schaut Gerda, wenn ich nach Problemfällen frage. In der Vergangenheit kam es hin und wieder vor, dass einige nicht in die Gemeinschaft gepasst hätten. Leider könne nicht jeder die Chancen sehen und auch nutzen, die sich bei manomama bieten. Wer partout nicht passt, geht früher oder später. Dafür gebe es keinerlei Probleme damit, dass sich im Betrieb etliche unterschiedliche Kulturen begegnen.

Mit meinen gesammelten Eindrücken stehe ich unter dem Vordach der Halle. Es regnet noch immer in Strömen. Da ich mir die Mobilfunknummer habe geben lassen, rufe ich „meinen" Taxifahrer an. Es geht schon wieder zurück zum Bahnhof, auch wenn ich mir die Stadt gerne noch angesehen hätte. Aber leider habe ich weder Tauchanzug noch Schwimmflossen im Gepäck.

Dafür freut sich der Fahrer, dass ich seine Grüße ausgerichtet habe. Na, immerhin etwas.

KAPITEL 12

Hauptsache Spaß dabei

Immer wieder klatschten Tischtennisbälle an die Zimmerdecke und wenn sie danach die Platte auf der richtigen Seite trafen, brachen wir in Jubel aus. Sabrina und ich waren längst nass geschwitzt, da wir schon eine ganze Weile wie kleine Kinder tobten. Wir schmetterten uns die Bälle um die Ohren und seitdem wir aufgehört hatten, die Punkte zu zählen, kannte der Spaßfaktor kein Halten mehr. Nach unserem Spiel gestand mir Sabrina, schon seit Jahren nicht mehr von Herzen gelacht zu haben. Das war im Frühjahr 2009, als ich in der Psychosomatischen Klinik war. Langsam fing ich an, mich besser kennenzulernen – auch mein inneres Kind, welches ich schon eine ganze Weile verleugnet hatte.

Ich mag Blödsinn, lache gerne und liebe gute Sprüche. Doch damals war meine Welt schon lange grau und ich kannte nur noch die Arbeit. Erst in der Klinik hatte ich seit langem wieder Spaß – so paradox das klingen mag. In einer Therapiestunde kündigte uns die Therapeutin an, dass wir ein Rollenspiel spielen würden. In dem fiktiven Szenario waren meine Mitpatienten und ich mit dem Flugzeug auf einer Insel abgestürzt. Es gab Verletzte und wir mussten unser aller Überleben sicherstellen. Dazu konnten wir alle Gegenstände im Sportraum verwenden. Schon bald schlug ich der Gruppe eine „Expedition" ans andere Ende der Insel vor, denn sie war ja vielleicht bewohnt. Zudem konnten wir nach weiteren Wasserstellen und nach Nahrung suchen. Mehrere „Tage" waren wir unterwegs, bahnten uns mutig einen Weg durch den Dschungel und wurden sogar von „Schlangen" angegriffen. Doch es gab eine schlechte Nachricht: Wir waren alleine auf der Insel.

Bedauerlicherweise ging die Zeit viel zu schnell um und nur mit Mühe konnte ich nach unserem Rollenspiel in die Realität zurückkehren. Wer wollte, durfte sich mitteilen. Das musste mir die Therapeutin nicht zwei Mal sagen. Unser gemeinsam erlebtes Abenteuer sprudelte aus mir heraus. Wie zum Beweis hielt ich eine von mir erschlagene „Schlange" in Form eines Seils hoch. Meine Phantasie lief auf Hochtouren und ich ahnte, dass ich vielleicht doch meinen Beruf als Journalist irgendwann wieder aufnehmen könnte. Schließlich hatte ich große Lust darauf, Neues zu entdecken, wie mir durch das Rollenspiel klar wurde.

Noch Tage später war ich wie elektrisiert. In einer Gruppe fragte ich plötzlich in die Runde, ob es dort auch Dinosaurier geben würde. „Wo?" Meine Mitpatienten waren verwirrt und konnten meinen Gedanken nicht folgen. „Na, auf der Insel!", antwortete ich gespielt genervt. Ganz so, als würden wir seit Tagen von nichts anderem als dem Rollenspiel reden. Ich war nämlich schon bei meiner persönlichen Jurassic-Park-Version angelangt.

Der Kontakt zu meinem inneren Kind war in diesen Momenten stark ausgeprägt und wir haben uns in meiner Genesungs-Phase nie ganz aus den Augen verloren. So hatte ich zwar auch einen spielerischen Umgang mit meinen (damaligen) Schwächen und meiner Arbeit gefunden, doch leider gewann in meinen Gedanken viel zu oft der Existenzkampf, verbunden mit Zukunftssorgen, die Oberhand.

Trotzdem gewann ich neue Perspektiven. Arbeit war bald kein innerer Zwang mehr. Ich musste nicht länger im Alleingang riesige Aufgaben stemmen, nur um hinterher ein Held zu ein oder viel zu leisten, damit ich ein wertvolles Mitglied der Gesellschaft bin. Die alten Glaubenssätze hatte ich „in Liebe losgelassen". Doch das Spielen an sich geriet immer wieder in den Hintergrund.

Dann kam Carina, beziehungsweise ein Leserbrief von ihr. Ich hatte angefangen, wieder regelmäßig Artikel zu veröffentlichen, und eben diese fanden bei Carina Anklang. Ganz förmlich schrieb sie mich mit „Sehr geehrter Herr Brehl" an. Wir tauschten daraufhin einige E-Mails aus, da ich jedoch damals an meinem Manuskript zu „Mein Weg aus dem Burnout" schrieb, hatte ich keine Lust, auch noch ellenlange E-Mails zu tippen. Daher griff ich einfach zum Telefon und sofort war mir diese Carina sympathisch. Bald schon besuchte sie mich das erste Mal in Fulda und in den kommenden Monaten entwickelte sich eine tiefe Freundschaft, für die ich sehr dankbar bin. Carina ist es auch zu verdanken, dass ich mein inneres Kind im Alltag regelmäßiger auslebe.

Alles fing ganz harmlos an, denn eines Tages brachte sie ihre alte Super-Nintendo-Spielkonsole (SNES) mit. Das ist der Vor-vor-vorgänger der Wii, für diejenigen, die mit dem Namen nichts anfangen können. Anfang und Mitte der 90er Jahre habe ich damit den Klempner Mario hüpfen lassen oder gar Missionen mit Captain Picard von der Enterprise bestritten. Plötzlich brach sich beim ersten Spielen eine Leidenschaft Bahn, die schon lange vorhanden gewesen sein musste. Phasenweise hatte ich mal meinen Gamecube angeschmissen (das ist der Vorgänger der Wii, wir nähern uns demnach der technischen Gegenwart ein Stück) und mal das eine oder andere Spiel gespielt. Oft mit Spaß, aber auch hin und wieder mit schlechtem Gewissen. Schließlich sind – und das wissen wir ja alle – Videospiele die reinste Zeitverschwendung, oder nicht? Viel zu lange hocken wir nahezu bewegungslos vor dem Computer oder Fernseher, während wir wie blöd auf irgendwelchen Tasten herumhämmern.

Parallel entdeckte ich im Zeitschriftenhandel ein Magazin, welches sich mit Retrospielen auseinandersetzt. Mehr und mehr verstand ich die (technischen) Hintergründe und erfuhr von vielen spannenden Spielen. Manche von ihnen hatte ich als Kind/Jugendlicher frustriert abgebrochen, weil ich die Spielmechanik nicht richtig verstanden hatte oder einfach zu unerfahren war. Heute liebe ich es, neue Welten zu entdecken, virtuelle Abenteuer zu erleben und Rätsel zu knacken. Wie ein Schneekönig kann ich mich über diese Erfolge freuen. Andererseits bin ich auch wütend, wenn etwas nicht klappt. In solch einem Fall flog einmal eine Packung Taschentücher mehrfach durch das Wohnzimmer. Die hatte ich mir als Wurfgeschoss ausgesucht, damit ich meine Wut ausleben konnte, aber nichts beschädigen würde. Ich muss nämlich gestehen, dass ich in der Vergangenheit einmal auf diese Weise einen Controller kaputt gemacht hatte. Seitdem bin ich etwas vorsichtiger.

Doch lange setzte ich mich mit meinem schlechten Gewissen auseinander, denn im Grunde glaubte ich, dass das Spielen Unsinn sei. Was sinnvoll ist oder nicht, beurteilen wir ja oft rein mit dem Verstand oder richten uns nach anerzogenen Maßstäben. Natürlich achte ich darauf, dass ich nicht zu viel spiele und ich habe ja auch noch andere Interessen. Doch ich würde einen Teil meines Wesens verleugnen, wenn ich nicht mehr spielen würde. Um eine Antwort zu finden, spürte ich in mich hinein: Das Spielen führt bei mir zu Freude, ich lebe auch hier meine Phantasie aus und ich fühle mich hinterher gut, manchmal sogar richtig erfrischt. Daher habe ich ab einem gewissen Punkt einfach aufgehört, über das Spielen nachzudenken. Früh genug werde ich es merken, wenn es mir keinen Spaß mehr macht. Zudem habe ich dank der Spielleidenschaft eine andere tolle Beschäftigung entdeckt: Seitdem besuche ich wahnsinnig gerne Flohmärkte. Carina und ich haben schon ganz viele Schätze gefunden. Immer wieder spüre ich, wie wichtig es ist, sein inneres Kind auszuleben. Das muss ja nicht zwangsläufig durch Videospiele geschehen – auf der ganzen Welt gibt es so viel zu entdecken.

Doch hin und wieder holen mich meine Existenzsorgen ein und meine Begeisterung verblasst. Aber was soll mein nächster Gesprächspartner erst sagen?

DR. JÖRG BLETTENBERG
Allgemeinmediziner *(Foto: privat)*

KAPITEL 13

Der Arzt in der Klemme

An einem Samstagvormittag suche ich einen Arzt auf, genauer gesagt die Praxis von Dr. Jörg Blettenberg in Lindlar. Doch keine Sorge, mir geht es gut. Die Probleme hat Dr. Blettenberg: Er steht Regressforderungen von etwa 430.000 Euro gegenüber, weil er seine Patienten gut und richtig versorgt hat. Geht es nach dem Willen der Kassenärztlichen Vereinigung und diverser Krankenkassen, soll er dafür nun bestraft werden. Es klingt paradox, aber es ist leider so.

Im Kapuzenpullover öffnet mir Dr. Blettenberg die Tür; seine Praxis ist heute geschlossen. Während er Tee für uns beide kocht, sitze ich in einem Behandlungszimmer und lausche der Stille. An einem Werktag eilen Ärzte und Helfer durch den Flur, um die zahlreichen Patienten und Patientinnen zu versorgen. Heute klingelt noch nicht einmal das Telefon und die ruhige Atmosphäre tut unserem Gespräch gut.

Einige Minuten später sitzt mir Dr. Blettenberg gegenüber, während unsere Teetassen um die Wette dampfen. Der Hausarzt wirkt müde und abgeschlagen, was nach den harten Monaten kein Wunder ist. Seine persönlichen Probleme sind äußerst ernst, denn im schlimmsten Fall droht er seine komplette wirtschaftliche Existenz zu verlieren, weil er den Weg seines Herzens gegangen ist. Der 56-jährige besitzt heute außer Schulden noch nicht einmal ein abgezahltes Auto. Sein Haus, in dem auch die Praxis im Erdgeschoss untergebracht ist, dient schon lange als Sicherheit bei der Bank. Alleine auf einem Konto haben sich 90.000 Euro Miese angesammelt und dennoch muss er monatlich 4.000 Euro an die Kassenärztliche Vereinigung zahlen. Demnach ist es kein Wunder, dass er mitunter schlecht schläft und ihn starke Existenzängste plagen. Wie konnte es nur so weit kommen? Doch zunächst möchte ich den Menschen hinter dem Namen Dr. Blettenberg kennenlernen.

Sein Wunsch, Arzt zu werden, entfaltete sich recht spät, obwohl schon sein Vater als Allgemeinmediziner in Lindlar tätig war und auch seine beiden Brüder Mediziner sind. Bis zum 18. Lebensjahr wusste er aber nicht, welchen beruflichen Weg er einschlagen sollte. So absolvierte er nach seinem Abitur diverse Praktika und machte sogar einen Eignungstest für eine Ausbildung zum Bankkaufmann. „Ich war damals aus psychischer Sicht eher ein Hänfling", sagt er mit einem verschmitzten Lächeln. „Ein Arzt ist immer mit Leid, Krankheit und Tod konfrontiert, was ich dachte, niemals auf Dauer aushalten zu können." Doch der Führerschein in seiner Tasche sollte alles ändern.

Der junge Jörg Blettenberg träumte vom eigenen Auto. Ein VW Käfer sollte es sein. Doch die Suche nach einem passenden Ferienjob blieb erfolglos. Schließlich trat er ein bezahltes Praktikum im Krankenhaus an; wohl wissend, dass es ihn wahrscheinlich überfordern würde. So landete er auf der inneren Station eines konfessionell geführten Krankenhauses der Borromäerinnen. „Und von da an war mein weiterer Weg klar", erzählt er mit strahlenden Augen. „Mich hatte es zutiefst beeindruckt, wie die Nonnen ihr Leben in den Dienst von kranken und schwachen Menschen gestellt haben." Daher eröffnete der junge Blettenberg den Eltern seinen neuen Berufswunsch: Krankenpfleger. Doch niemand in seiner Familie war von der Idee begeistert und schließlich beugte er sich den Widerständen. Wunschgemäß begann er ein Jurastudium, doch seine Erlebnisse im Krankenhaus ließen ihn nicht wieder los.

Nach viereinhalb Jahren Studium war er bereit für das Staatsexamen. Zwischendurch absolvierte er jedoch immer wieder verschiedene medizinische Praktika und nahm an einem Eignungstest teil. Schließlich bekam der junge Mann Post von der Zentralstelle für die Vergabe von Studienplätzen, die ihn für das Medizinstudium in Köln zuließ.

Seit dem 1. Januar 1992 ist Dr. Jörg Blettenberg nun als niedergelassener Hausarzt mit einem Team von angestellten Ärzten tätig. Eigentlich hatte er mit dem Gedanken gespielt, Frauenarzt und Geburtshelfer zu werden. „Mitzuerleben, wie neues Leben entsteht, ist eines der größten Geschenke, die man bekommen kann." Doch Blettenbergs Vater erkrankte und somit drohte sein Lebenswerk verlorenzugehen. Daher übernahm der Sohn Praxis und Patienten, auch wenn ihm die Entscheidung schwer fiel. Heute kombiniert er mit seinen Kollegen die klassische Schulmedizin mit Naturheilkunde, wie Homöopathie, Akupunktur und dergleichen. „Es geht nicht darum, einem bestimmten Zweig anzugehören, sondern die Mittel zu nutzen, die den Patienten jeweils am besten helfen."

Allerdings überstand seine erste Ehe den Praxisaufbau nicht. Doch auch privat wendete sich bald wieder alles zum Guten. Heute ist er mit neuer Frau glücklich verheiratet und Vater von vier Kindern. Blettenberg liebt seinen Beruf: „Die schönsten Momente sind, wenn Menschen wieder genesen und dadurch zurück in ihre Lebensfreude finden. Ich möchte in meinem Leben eine gute Spur hinterlassen und anderen helfen. Auch heute noch macht mich mein Beruf sehr glücklich."

Das sind schöne Worte, doch mit Grauen denke ich an meinen letzten Arztbesuch zurück. Vom Wartezimmer aus sah ich den Doktor von einem Behandlungszimmer zum nächsten hetzen. Im Minutentakt klingelte das Telefon und ich fühlte mich durch die allgemeine Unruhe unwohl. „Wir Ärzte leisten eine Form von akademischem Akkord", pflichtet mir Dr. Blettenberg bei. „Aber der Mensch darf dabei nie untergehen! Wenn ich merke, dass ein Patient Zeit braucht, dann bekommt er sie auch." Doch ein Arzt kann noch so gut und für seine Mitmenschen da sein, gedankt wird es ihm nicht immer.

Dr. Blettenbergs Unheil begann 2008. Damals ging ein Hausarzt in den Ruhestand und Dr. Blettenberg übernahm seine Patienten – auch die, die im Haus Tannenberg untergebracht sind. Das ist eine psychiatrische Pflegeeinrichtung für Schwersterkrankte. Die Bewohner leiden beispielsweise unter Schizophrenie oder Psychosen, die sie mitunter durch eine jahrelange Drogensucht erworben haben. Alle Patienten dieser halbgeschlossenen Anstalt haben einen vom Gericht zugewiesenen Betreuer und könnten nicht in einem normalen Krankenhaus untergebracht werden. Doch sie müssen nicht zwangsläufig den Rest ihres Lebens im Haus Tannenberg verbringen, denn bei dem einen oder anderen greifen die Therapien. Dann kann er ein halbwegs „normales" Leben beispielsweise im betreuten Wohnen führen. „Es geht nicht darum, Menschen zu verwahren, sondern wir betreuen sie dort intensiv, damit sie so weit wie möglich genesen", stellt Dr. Blettenberg nach meiner kritischen Frage danach klar. „Ansonsten hätte ich die Aufgabe nicht übernommen."

Als er seine Arbeit im Haus Tannenberg begann, betreute er die Patienten als Hausarzt, für die anderen Belange waren ein Psychiater und ein Neurologe zuständig. Was damals keiner wusste: Der Neurologe suchte bereits seit Jahren vergebens einen Nachfolger und schloss seine Praxis für Außenstehende überraschend innerhalb von drei Monaten. Auch die zuständige Kassenärztliche Vereinigung tat sich schwer, Ersatz zu finden, daher sollte Dr. Blettenberg als Übergang für ein halbes Jahr die Verordnungen des Neurologen übernehmen. Nun muss man wissen, dass ein Arzt pro Patient nur über ein bestimmtes Budget für Arznei- und Heilmittel, wie Krankengymnastik, Ergotherapie und dergleichen, verfügt. In Zahlen ausgedrückt sind das für einen gesetzlich Versicherten 6,50 Euro im Quartal für Heilmittel. Bei einem Rentner sind es immerhin 15 Euro, was im Klartext bedeutet: „Die 15 Euro reichen noch nicht einmal für eine Einheit Krankengymnastik. Im Grunde darf ich jedem Rentner meiner Praxis eine dreiviertel Einheit Krankengymnastik im Quartal verordnen, alles andere würde das Budget überschreiten."

Mit den Patienten im Haus Tannenberg gibt es aber noch ein weiteres Problem, denn sie können aufgrund ihrer ausgeprägten psychischen Erkrankungen keine normale Arztpraxis aufsuchen. Demnach kommen die Therapeuten zu ihnen und rechnen jedes Mal einen Hausbesuch ab. Daher belastet eine Einheit Krankengymnastik Dr. Blettenbergs Budget gleich mit 40 Euro.

Als Facharzt verfügt ein Neurologe über ein weit höheres Budget, doch Dr. Blettenberg sollte sich keine Sorgen machen, versicherte man ihm seitens der Kassenärztlichen Vereinigung. Die zusätzlichen Verordnungen würden als sogenannte „Praxisbesonderheiten" gewertet und damit aus dem normalen Budget herausgerechnet. Diese Zusage sollte der Arzt auch schriftlich erhalten – ein entsprechendes Schreiben kam aber nicht. In der Alltagshektik vergaß er, noch einmal nachzuhaken, und schließlich obsiegte sein Vertrauen in das Gute im Menschen. Aufgrund seines Jurastudiums hätte er es aber besser wissen und auf einer schriftliche Bestätigung beharren müssen, was er heute auch selbst einräumt. Im Nachhinein ist dieser Umstand das Einzige, was er bereut.

Nach einem halben Jahr war noch immer kein Neurologe als Nachfolger gewonnen, das sollte tatsächlich erst sechs Jahre später im Sommer 2014 aufgrund des öffentlichen Drucks geschehen. Öffentlicher Druck? Ja, die folgenden Ereignisse haben dank zahlreicher Medienberichte die Gemüter erhitzt.

Die mündliche Zusage der Kassenärztlichen Vereinigung entpuppte sich als wertlos. Im Frühjahr 2011 wurde Dr. Blettenberg per Brief mitgeteilt, dass er sein Budget für 2009 überschritten habe und er daher die übermittelten Unterlagen prüfen müsse. Pro Prüfung können dies bis zu 2.000 Seiten sein, die ein Arzt dann durchackern muss. Dr. Blettenberg ärgerte sich, da in seinem Fall die Gesamtverordnungssumme genannt war. „Das ist rechtswidrig, weil die bereits anerkannten Praxisbesonderheiten nicht herausgerechnet wurden. Nur wenn das im Vorfeld geschieht, darf überhaupt geprüft werden", erklärt mir der Mediziner. „In anderen Fällen bei Kollegen hätte von vornherein nicht geprüft werden dürfen! Für mich hat es den Anschein, dass mit dieser Methode Druck auf die Ärzte ausgeübt werden soll."

Dr. Blettenberg hat sein Budget durch das Betreuen der Patienten im Haus Tannenberg natürlich überschritten, da ihm die zugesicherten Praxisbesonderheiten wohl doch nicht zugestanden werden. Nun soll er Regressforderungen von ungefähr 430.000 Euro begleichen. Für das Jahr 2009 sind es 85.000 Euro, die er mit einer monatlichen Rate von 4.000 Euro zum Zeitpunkt unseres Gesprächs schon fast vollständig abgezahlt hat. Insgesamt fällt für das Jahr 2010 eine Summe von 115.000 Euro an. Für die zwei Folgejahre rechnet er mit einer ähnlichen Summe.

Ich muss tief durchatmen. Da folgt jemand seinem Herzen, versorgt seine Patienten nach bestem Wissen und Gewissen, vertraut seinen Mitmenschen und steckt deswegen in großen Schwierigkeiten. „Ich war im Wechsel wütend, enttäuscht und melancholisch", gibt der Mediziner zu. Vieles fühlte sich auf einmal sinnlos an. „Ich soll für meine gute Arbeit auch noch bestraft werden. Ein Arzt wie ich passt gar nicht in das heutige Gesundheitssystem, denn Menschlichkeit und Zuwendung werden ja gar nicht gewünscht." Seitdem muss er sich jeden Tag selbst motivieren, um weiter zu machen, was enorm viel Kraft kostet. Der ganze Prozess belastet ihn sehr und hat ihn auch verändert. „Früher habe ich mehr gelacht und ich würde mich gerne wieder richtig freuen." Auch seine psychische und körperliche Gesundheit leidet. In unserem Gesundheitssystem bleiben demnach mitunter nicht nur Patienten auf der Strecke, sondern es macht darüber hinaus auch noch Ärzte krank. Dennoch gibt Dr. Blettenberg nicht auf, indem er beispielsweise seine Praxis einfach schließt. „Ich würde damit ja die Menschen bestrafen, denen ich helfen möchte."

Während er mir das erklärt, denke ich, dass mein Gegenüber viel Geld besitzen muss. Er versorgt schließlich nicht nur eine Familie mit vier Kindern (die zwei ältesten studieren), sondern zahlt mal locker 4.000 Euro im Monat. Doch diesen Zahn zieht er mir. Ärzte seien heutzutage keine reichen Menschen mehr. Er selber hat nichts als Schulden und Existenzsorgen. Alleine bei einer Bank hat er einen Kontokorrent von 90.000 Euro, was mit den Zinseszinsen eine echte Schuldenfalle ist. „Ich besitze noch nicht einmal ein abbezahltes Auto und ich hätte nie gedacht, in meinem Alter finanziell so schlecht dazustehen." An der Praxis selber hängen 14 Arbeitsplätze. „Ich denke aber, dass ich alles überleben werde", sagt er mit müder Stimme. Er hofft, gesund zu bleiben, damit er bis zu seinem Rentenantritt noch arbeiten kann. Doch schon jetzt steht fest, dass er als Rentner aufgrund seines Sparguthabens von null Euro das Haus, in dem auch seine Praxis untergebracht ist, nicht halten kann. Das ist längst als Sicherheit für einen Kredit hinterlegt. Muss er also den vollen Regressbetrag zahlen, verliert er sein Lebenswerk und seine Mitarbeiter womöglich ihre Arbeitsplätze.

Auch rechtlich wehrt sich der Arzt und klagt gegen die Regressforderungen. Sein Ansatzpunkt: Im Sozialgesetzbuch ist festgelegt, dass vor einer Regressforderung eine individuelle Beratung erfolgen muss, die in seinem Falle aber nicht stattfand. Zudem ist er mittlerweile äußerst lästig geworden, denn er hat sich mit seinem Fall an die Medien gewandt. Auch seine Patienten waren und sind empört, sammelten Unterschriften und gründeten eine Initiative. Gemeinsam mit einigen Lokalpolitikern möchten sie ihm helfen und Druck auf die Verantwortlichen ausüben. „Ich bin froh, dass ich mich gewehrt habe und an die Öffentlichkeit gegangen bin. Die Patienten haben nun begriffen, in welchem Dilemma wir Ärzte stecken. Ich bin ja bei weitem kein Einzelfall." Der Rückhalt seiner Patienten rührt ihn zutiefst. „Es zeigt, dass mein Weg der letzten 23 Jahre in den Köpfen und Herzen der Menschen Spuren hinterlassen hat. Früher zweifelte ich, ob jemand meinen Einsatz wahrnimmt oder ob er überhaupt einen Wert für die Gemeinschaft hat. Und Sie sitzen nun vor mir und fragen mich ernsthaft, ob mir mein Beruf Freude bereitet?"

Ich glaube es nun endgültig begriffen zu haben, dass er seinen Traumberuf ausübt. Dennoch werde ich im Verlauf unseres Gesprächs mehrmals nachhaken. Noch ahne ich ja nicht, was er mir darüber hinaus alles erzählen wird. Er hat recherchiert.

Der „Witz" bei diesem Regress ist nämlich, dass es nach seinen Recherchen keinen finanziell Geschädigten gibt. Die Krankenkassen haben das Geld für die Patientenversorgung erhalten und das laufe folgendermaßen ab: Sämtliche Einnahmen der Krankenkassen überweisen diese an das Bundesversicherungsamt, wo das Geld in einem großen Topf landet. Nun bekommen die einzelnen Kassen aufgrund der jeweiligen Patientenstruktur Gelder zugeteilt. Seit Anfang 2009 orientiert sich dieser Risikostrukturausgleich an den Krankheitsbildern der Patienten. So gibt es für junge, gesunde Mitglieder vereinfacht gesagt Abschläge und für (schwer) kranke Zuschläge. Aus diesem Grund drängen laut Dr. Blettenberg viele Krankenkassen Ärzte dazu, ihre Patienten kränker zu schreiben, als sie sind. Im Fachjargon heißt diese Vorgehensweise „upcoding".

Dr. Blettenberg wollte es genau wissen und hat sich die Zahlen besorgt. Ein Patient mit multipler Sklerose (MS) benötigt Medikamente, Reha-Maßnahmen, regelmäßige Krankengymnastik und mehr. Das alles zusammen ist recht teuer und so bekommt eine Krankenkasse für einen MS-Patienten einen entsprechenden Zuschlag. Nahezu das gleiche Budget steht für einen Patienten mit alkohol- oder drogenbedingter Psychose bereit. Für Schizophrenie ist der Zuschlag eineinhalb Mal so groß wie der für multiple Sklerose. Nach diesen Zahlen sieht es für mich so aus, als verdienen die jeweiligen Krankenkassen doppelt: Sie erhalten für eine Vielzahl der Patienten aus dem Haus Tannberg die entsprechenden Zuschüsse aus dem Topf und holen sich nun das Geld zusätzlich noch einmal von Dr. Blettenberg, der die jeweiligen Maßnahmen verordnet hat. Anders ausgedrückt: Die Krankenkassen behalten das Geld und lassen Dr. Blettenberg die Behandlung der Patienten aus seinem privaten Geldbeutel bezahlen. Mein stark ausgeprägter Gerechtigkeitssinn schlägt an, denn mir platzt gleich der Kragen, sollte dies zutreffen. Zur Erinnerung: Die gesetzlichen Krankenkassen müssen die Kosten decken und brauchen *keinen* Gewinn zu erwirtschaften. Natürlich schaffen sie sich Rücklagen, das macht jedes Unternehmen, und wenn möglich auch jede Privatperson. Doch dieser Fall geht eindeutig zu weit und klingt für mich als juristischem Laien nach Betrug.

Generell gebe in der Patientenversorgung die Wirtschaftlichkeit den Ton an. „Es heißt nicht: *was kann ich für den Patienten tun, damit er schnell wieder gesund wird*", erklärt mir Dr. Blettenberg. „Der Arzt muss sich stattdessen fragen, was darf er überhaupt tun, damit er das Wirtschaftlichkeitsgebot einhält und den finanziellen Aufwand möglichst gering hält."

„Aber das widerspricht doch allem, was ein Arzt gelobt hat", sage ich trotzig und wie aus der Pistole geschossen antwortet mein Gegenüber schlicht mit „Ja".

Dabei gibt es einen massiven gesetzlichen Konflikt: Im Sozialgesetzbuch V § 1 heißt es: „Qualität und Wirksamkeit der Leistungen haben dem allgemein anerkannten Stand der medizinischen Erkenntnisse zu entsprechen und den medizinischen Fortschritt zu berücksichtigen." Im Klartext heißt dies, dass ich als Patient einen gesetzlichen Anspruch auf die bestmögliche Behandlung habe. Gleichzeitig knebelt das Sozialgesetzbuch Ärzte mit dem Wirtschaftlichkeitsgebot. Beides zusammen ist in meinen Augen unvereinbar. Verweigert der Arzt aus Kostengründen eine Behandlung, so kann ihn der Patient verklagen. Laut einem Urteil des Bundesgerichtshofs müsse ein Arzt angemessene Leistungen verordnen, auch wenn es sein Budget im Grunde nicht erlaubt. „Wir Ärzte können in solch einem Fall zumindest frei wählen: Entweder begeben wir uns in die Gefahr von Regressen seitens der Krankenkassen oder wir leisten Schadensersatz für Patienten."

Mir schwirrt der Kopf und ich kann das ganze Affentheater nicht verstehen. Ich runzele die Stirn und versetze mich in die Lage eines Verantwortlichen einer x-beliebigen Krankenkasse. Ich habe doch ein hohes Interesse daran, dass meine Mitglieder so lange wie möglich gesund bleiben und, falls sie doch erkranken, schnell wieder genesen. Dr. Blettenberg schaut mich mit ernstem Gesicht und traurigen Augen an. Die Krankenkassen hätten meist ein untergeordnetes Interesse, die Mitglieder bestens zu versorgen. Schließlich können sie jederzeit die Krankenkasse wechseln und somit käme ein Konkurrent in den Genuss der Investitionen in die Gesundheit des Mitglieds. „Die denken von einem Wirtschaftsjahr aufs andere und versuchen ständig Geld zu sparen."

Anscheinend hat sich Dr. Blettenberg dazu entschieden, bei unserem Gespräch noch eine Schippe draufzulegen. Es gäbe schwere und damit in der Behandlung teure Krankheiten, für die die Kassen nur einen geringen oder gar keinen Risikoausgleich bekommen. Eben diese Patienten würden teilweise von ihrer Krankenkasse angerufen und zu einem Wechsel überredet. Eine von Dr. Blettenbergs Patientinnen erkrankte wie ich damals schwer an einem depressiven Erschöpfungssyndrom (Burnout). Er schrieb sie krank, schickte sie zur Psychotherapie und es folgte ein Krankenhausaufenthalt. Da die Dame danach noch lange nicht arbeitsfähig war, erhielt sie Krankengeld – was laut Dr. Blettenberg die Krankenkassen „scheuen wie der Teufel das Weihwasser". Nun erhielt die Patientin einen Anruf von einer Krankenkassenmitarbeiterin, die vorschlug, sie solle doch wieder arbeiten gehen, weil ihr das gut tun würde. Und überhaupt sei die Mitarbeiterin ja selber viel kränker und würde schließlich auch arbeiten. „Das ist nicht der einzige Fall, den ich persönlich miterlebe", betont Dr. Blettenberg. In meinen Augen wagt die Mitarbeiterin eine gefährliche Ferndiagnose, weil sie gar nicht wissen kann, wie es der Patientin tatsächlich geht. Außerdem kann ein (psychisch) kranker Mensch solch eine Nötigung am wenigsten gebrauchen. Mir läuft es angesichts dieser Dreistigkeit kalt den Rücken runter. In meinen depressiven Phasen hätte mich ein solches Gespräch komplett aus der Bahn geworfen und damit meine Genesung gefährdet. Noch heute bin ich meiner Krankenkasse dankbar, dass sie ohne zu Murren für meine Behandlung und den Krankenhausaufenthalt aufkam. Andererseits habe ich auch kein Krankengeld bezogen, denn diese Leistung hätte ich als Freiberufler zusätzlich versichern müssen. Wäre mir meine Krankenkasse ähnlich zu nahe getreten? Sicherheitshalber frage ich nochmals nach, ob Dr. Blettenberg wirklich noch Freude an seinem Beruf hat. Er lacht, als wäre es unmöglich, eine dümmere Frage stellen. „Natürlich, die Patienten können für diesen ganzen Irrsinn doch nichts."

Das Schlimme ist, dass dieser Irrsinn Methode hat und auch für Dr. Blettenberg weitergeht. Tatsächlich unterbreiteten ihm die Kassenärztliche Vereinigung und die beteiligten Krankenkassen ein Vergleichsangebot, das nach seinen Angaben wie folgt lautete: Die Regressforderungen aus dem Jahr 2009 müsste er erfüllen, außer das Bundessozialgericht entscheidet, dass eine Beratung vor einer Regressnahme erfolgen muss. In solch einem Falle bekäme er das bereits gezahlte Geld zurück. Während über den Vergleich verhandelt wurde, herrschte für beide Seiten Friedenspflicht: Blettenberg musste vorerst keine 4.000 Euro monatlich abzahlen, durfte aber auch nicht mehr öffentlich und in der Presse über seinen Fall reden.

Dann plötzlich ein neues und aus Blettenbergs Sicht unannehmbares Angebot. Er müsse auf jeden Fall 150.000 Euro bezahlen, auch wenn das Gericht „Beratung vor Regress" bestätigt. Sprich, das Geld wäre auf jeden Fall weg. Zudem gäbe es eine absolute Schweigepflicht auch den Medien gegenüber. Kein Wunder, schon seit einiger Zeit ist er lästig wie eine Zecke. Kämpferisch lehnte er das Angebot ab. „Den Mund lasse ich mir nicht verbieten. Außerdem diskutiere ich nicht länger mit Krankenkassen, die ihr Wort nicht halten. Nun muss eben das Gericht entscheiden."

Dr. Blettenberg ist bereit, sich notfalls durch alle Instanzen zu kämpfen. Schließlich leben genug seiner Kollegen in ständiger Furcht. „Regressmaßnahmen sollen Ärzte in Angst versetzen, da-

Ärzte wie Dr. Blettenberg bekommen in unserem derzeitgen Gesundheitssystem immer wieder Steine in den Weg gelegt. Dabei tritt auch das Wohl der Patienten oft in den Hintergrund. *(Foto: privat)*

mit Krankenkassen Geld sparen." Tatsächlich bekommt er immer wieder Zuschriften von Berufkollegen. Er solle durchhalten, weiterkämpfen und das Thema in der Öffentlichkeit halten. „Manchem Kollegen fehlt dazu die Kraft und der Mut. Ich möchte zeigen, dass es lohnend ist, sich zu wehren. Zudem kämpfe ich ja nicht nur für mein wirtschaftliches Überleben, sondern auch für das Wohl der Patienten. Was wird aus ihnen, wenn Ärzte flächendeckend aus Angst vor Regress ihre Aufgaben vernachlässigen? Die Patienten sind ja eh schon Bittsteller!" Ich muss staunen, denn ich habe keine Ahnung, woher er seine Kraft nimmt.

Seit dem 1. Juli 2014 betreut wenigstens wieder ein Neurologe die Patienten im Haus Tannberg. Wie sich herausstellte, hatte Dr. Blettenberg zu keinem Zeitpunkt zu viel verordnet, auch wenn er von seinen Kollegen als gutmütig empfunden wird. „Alle Behandlungen waren notwendig und der Neurologe hat sie übernommen." Er kann sich nun wenigstens in diesem Punkt beruhigt auf seine Aufgaben als Allgemeinmediziner konzentrieren. Denn mit seiner normalen hausärztlichen Praxis kam er bislang noch nie in Budgetkonflikte, – allerdings nur, wenn auch alle Praxisbesonderheiten berücksichtigt werden. Darauf musste er in der Vergangenheit immer ein Auge haben.

Für mich steht fest: Dr. Blettenberg ist auf einer Mission. Er selbst sieht das etwas bescheidener: „Ich bin zu unbedeutend, als dass ich Visionen in die Welt bringen könnte. Aber ich möchte einer von vielen sein, die Politik und Krankenkassen zwingen, wieder für die Patienten und damit für die Schwachen in unserer Gesellschaft da zu sein." Ob sich sein Mut auszahlt?

Am 22. Oktober 2014 wurde am Bundessozialgericht in Kassel unter anderem darüber verhandelt, wie mit dem Passus „Beratung vor Regress" umzugehen sei. Das Sozialgericht Düsseldorf hatte diesen Termin in Bezug auf Dr. Blettenbergs Verfahren abgewartet. Das Urteil legt dem Arzt aus Lindlar durchaus Steine in den Weg: Kann Dr. Blettenberg den Regress von 2009 nicht abwehren, so kann er sich für die folgenden Jahre auch nicht mehr auf „Beratung vor Regress" berufen. Damit ihm das gelingt, muss er seine Budgetüberschreitung unter 25 Prozent drücken, indem er die Praxisbesonderheiten nachweist. Zugute kommt Dr. Blettenberg, dass das Bundessozialgericht entschieden hat, dass Regresse seitens der Kassenärztlichen Vereinigung besser begründet werden müssen. Demnach gibt es einen kleinen Hoffnungsschimmer, auch wenn der Gang durch die Instanzen von vorne losgeht: Dr. Blettenberg muss gegen jeden einzelnen Regress klagen und ich hoffe, dass er dazu auch künftig die Kraft aufbringen wird.

*

Bitte beachten Sie auch den Nachtrag zu
Dr. Blettenbergs Fall auf Seite 166.

KAPITEL 14

Erschreckendes im Alltag und das „Helene-Fischer-Syndrom"

Das Gespräch mit Dr. Blettenberg beschäftigt mich noch wochenlang. Ich bin geschockt und es fällt mir schwer, das in Worte zu fassen. Existenzängste sind mir ja nicht neu, doch meine eigenen Sorgen sind im Vergleich zu seinen verschwindend gering. Was ich an dieser Stelle tun kann, ist für Dr. Blettenberg das Beste zu hoffen und das fühlt sich zu wenig an. Aber wie stark ich mir auch den Kopf zerbreche, es fällt mir kein Weg ein, um das System zu ändern, welches die Ärzte so oft im Schwitzkasten hat. Mein Respekt vor jedem Mediziner und jeder Medizinerin, der/die dennoch mit Leidenschaft und Herz diesem Beruf nachgeht, ist aber gewachsen.

Doch auch in anderen Berufsgruppen entdecke ich immer wieder Menschen, die unter fragwürdigen Umständen arbeiten müssen. Viele verlieren die Lust an ihrer Tätigkeit. Wenn ich deren Situation mit meiner eigenen vergleiche, schäme ich mich sogar für die Freiheiten, die ich genieße. Dann nehme ich mir wieder vor, mein Jammern auf hohem Niveau künftig zu unterlassen.

Mich erschrecken Menschen, die rein mechanisch und ohne erkennbare Freude ihren Beruf ausüben (müssen). Besonders eine Begegnung im Schuhgeschäft wirkt nach.

Da ich meine Schuhe immer trage, bis sie förmlich auseinanderfallen, war es Ende Mai 2014 wieder einmal so weit: Ich brauchte neue Sommerschuhe. Das letzte Mal war ich vor fast vier Jahren in dem Geschäft gewesen. Damals musste mich meine Tante begleiten, denn ich alleine war nicht in der Lage, passendes Schuhwerk zu finden. Ich stand noch ziemlich am Anfang meiner Genesungsphase und fühlte mich oft inmitten von vielen fremden Menschen unwohl. Zudem überforderte mich die schiere Auswahl an Schuhen augenblicklich. – Es erstaunt mich immer wieder, welche Mengen an Konsumgütern wir produzieren, auch wenn ich selber davon nur einen winzigen Ausschnitt mit eigenen Augen zu sehen bekomme. Dann ereilt mich manchmal ein Abwehrreflex: Brauchen wir das alles wirklich? Und wenn nicht, warum verwenden wir so viel Zeit und Ressourcen um es herzustellen?

Anfang des Sommers 2014 betrete ich also wie selbstverständlich den Laden und finde nach zehn Minuten Suche nicht nur Schuhe, die passen, sondern mir auch gefallen. Was für ein Triumph, den ich im Stillen feiere. Bevor ich die Schuhe endgültig kaufe, spreche ich eine Verkäuferin an. Ich lasse mir bestätigen, wie gut sie verarbeitet sind und dass sie auch bei fast täglichem Tragen lange halten werden – schließlich habe ich mich ja für einen Markenschuh entschieden. Vier Wochen später ist der rechte Schuh kaputt: Der Stoff über der Innensohle hat sich gelöst, da er anscheinend doch nicht so gut verarbeitet war. Was nun folgt, ist eine deprimierende Reklamation.

Mit den beiden Schuhen und dem Kassenbon im Gepäck spreche ich die Kassiererin an. Ich hätte eine Reklamation und zeige den kaputten Schuh. Die Kassiererin schaut sich das Ganze kurz an und ruft dann eine Kollegin aus, die auch sofort zur Stelle ist. Mechanisch begrüßt sie mich und vermeidet jeden Augenkontakt. Stattdessen schnappt sie sich augenblicklich Schuhe und Kassenzettel, bittet mich, einen Moment zu warten, und ist auch schon verschwunden. *Das ist ja spannend,* denke ich mir. *Sie weiß noch gar nicht, was ich als Kunde möchte, und bespricht sich schon mit der Vorgesetzten. Ob sie hellseherische Fähigkeiten besitzt?* Besitzt sie nicht, wie sich zwei Minuten später herausstellt. Ihre Chefin sei damit einverstanden, die Schuhe zurückzunehmen, und ich könnte mir ein anderes Paar aussuchen, wobei mein Modell nicht mehr auf Lager sei.

Nun kann ich erstmals meinen Wunsch vorbringen: Ich möchte keine anderen Schuhe haben, da ich grundsätzlich mit meinen zufrieden bin. Sie sind bequem und gefallen mir. Zudem ist mir klar, dass die Schuhe auf dem Müll enden, wenn ich das Paar jetzt zurückgebe. Auf diese Weise kann man Ressourcen auch verschwenden. Nein, ich möchte das Problem lösen, sprich, den Schuh reparieren. Daher unterbreite ich meinen Vorschlag: Entweder bekomme ich nachträglich einen Rabatt und kaufe mir Einlegesohlen oder aber ich erhalte die Einlegesohlen gratis. Mein Ansinnen überrascht die Verkäuferin, fast scheint es sie aus ihrer vertrauten Bahn zu werfen. Auf jeden Fall macht sie sich wieder auf den Weg zur Chefin. *Hoffentlich halten wenigstens ihre Schuhe lange, so viel, wie sie unnötig hin und her läuft.* Wenige Minuten später ist alles geklärt: Ich erhalte die Einlegesohlen gratis und mein Problem ist zufriedenstellend gelöst.

Nachdem ich den Laden wieder verlassen habe, schüttelt es mich. Die Lustlosigkeit und Kälte der Verkäuferin erschreckt mich zutiefst. Ich hatte eher das Gefühl, auf einen Zombie als auf einen Menschen getroffen zu sein. Natürlich kann ich nicht wissen, wie es der Verkäuferin an diesem Tag ging. Vielleicht hat sie sich am Morgen noch mit jemandem gestritten oder sie quälen irgendwelche privaten Probleme. Doch bei dem Gedanken, selber auf diese Weise arbeiten zu müssen, wird mir schlecht.

Mein letztes Angestelltenverhältnis liegt nun 14 Jahre zurück. Damals war ich endgültig aus dem Käfig ausgebrochen, denn ich fühlte mich meist absolut fehl am Platz. Stets glaubte ich, an anderer Stelle gebraucht zu werden, und selten erlebte ich meine Arbeit als sinnvoll. Am 1. April 2002 kehrte ich der Arbeitswelt als Angestellter endgültig den Rücken. Doch wie würde diese Arbeitswelt aussehen, wenn plötzlich alle Menschen ihrem Herzen folgten? Schließlich konnte Helmut Lind in der Münchner Sparda-Bank einiges bewegen. Würde das Gleiche im Supermarkt oder bei der Müllabfuhr gelingen? Was spricht ernsthaft dagegen? Plötzlich muss ich an einen Satz denken, den Thomas Vašek in seinem Buch „Work-Life-Bullshit: Warum die Trennung von Arbeit und Leben in die Irre führt" geschrieben hat: „Für gute Arbeit müssen wir auf die Barrikaden gehen – nicht für mehr Freizeit."

Bei aller Freude an einem Wirtschaftssystem im Einklang mit Mensch und Natur scheine ich bei der Verkäuferin im Schuhgeschäft in einen Spiegel geschaut zu haben. Zwar habe ich Freude an meinem Tun, weil es sich für mich sinnvoll anfühlt, aber offensichtlich habe ich mir unbewusst einen Käfig gebaut. Angesichts der finanziellen Sorgen, die mal stärker spürbar und mal komplett im Hintergrund zu verschwinden scheinen, mache ich mir wieder mehr Druck. So rechne ich beispielsweise aus, wie viele Artikel ich pro Woche schreiben muss. Das Ergebnis besagt, dass ich im Grunde gar keine Zeit und keine Ressourcen habe, um dieses Buch zu verfassen. Auch andere ehrenamtliche Tätigkeiten hemmen mich wirtschaftlich, obwohl sie meiner Seele gut tun. Augenblicklich befinde ich mich in einem Konflikt, der aber für mich noch nicht sichtbar nach Außen getreten ist. Das passiert Ende August 2014 und damit etwa drei Monate nach meinem Erlebnis im Schuhgeschäft.

An einem Mittwoch fühle ich mich schlapp und ich könnte den ganzen Tag schlafen. Abends spüre ich einen heißen Kopf und in der Nase kitzelt es auch ein wenig. Ganz klar: Da kommt eine Erkältung. Passend dazu macht der Sommer gerade eine Pause und hat herbstlichem Regenwetter nebst ständiger grauer Wolkendecke Platz gemacht. Daher gehe ich früh schlafen und am nächsten Morgen ist noch keine Erkältung in Sicht. Dennoch habe ich am späten Nachmittag wieder kaum Energie und ich beginne, mich ernsthaft zu fragen, was mit mir nicht stimmt. Am Samstag glaube ich die Antwort zu kennen, denn ich spüre einen Schmerz in meiner Lunge und tags darauf bin ich kurzatmig. So verzichte ich auf den Sport, koche mir eine Kanne Tee und ruhe mich stattdessen mit einem guten Roman auf dem Sofa aus. Montags betrete ich eine Apotheke, da ich leider immer noch Probleme mit dem Atmen habe und schnell außer Puste gerate. Die Apothekerin verzieht das Gesicht, da sie mir auf Verdacht kein pflanzliches Präparat empfehlen möchte. Ich solle lieber einen Arzt aufsuchen. *Wozu brauche ich bei einer Erkältung einen Arzt? Wahrscheinlich habe ich nur eine leichte Bronchitis.* Abends genieße ich ein Erkältungsbad und atme tief die ätherischen Öle ein. Danach geht es mir besser.

Doch in den nächsten Tagen verschlechtert sich mein Zustand: Fahre ich die Mülltonnen vor das Haus und gehe anschließend die beiden Treppen zu meiner Wohnung hoch, muss ich verschnaufen. Auch wenn ich zu Fuß in der Stadt unterwegs bin, mache ich immer wieder kleine Pausen. Der Schmerz in meiner Brust nimmt beständig weiter zu und wenn ich mich körperlich „anstrenge", bekomme ich kaum Luft in meine Lungen. Es fühlt sich dann so an, als würde mich etwas einschnüren und ich langsam ersticken. Weiterhin verzichte ich auf den Sport und selbst mein Fahrrad bleibt im Abstellraum. Ein weiteres Erkältungsbad und mehrere Liter Bronchialtee haben keinen positiven Effekt. So langsam mache ich mir Sorgen.

Daher springe ich über meinen Schatten, rufe bei einem Allgemeinmediziner an und schildere der Arzthelferin mein Problem. Ich solle gleich und ohne Termin in die Praxis kommen, noch sei es ruhig. Ich eile, so schnell ich kann, und stehe schließlich schnaufend am Empfang. Begrüßt werde ich zunächst nicht, als ich mit meiner Versicherungskarte in der Hand kurz warten muss. Schließlich werde ich gebeten, im Wartezimmer Platz zu nehmen. Ein leichter Schauer läuft mir den Rücken herunter. In diesem Raum war ich zuletzt im Januar 2009. Damals versuchte ich krampfhaft, einen normalen Eindruck zu machen, denn ich war im Grunde vollkommen am Ende. Einer damaligen Kollegin hatte ich dies in einem persönlichen Gespräch eingestanden. Während ich noch glaubte, mit 28 Jahren meinen Verstand verloren zu haben, erklärte mir die Kollegin, dass ich ausgebrannt sei. Nun sitze ich wieder im Wartezimmer des Arztes, den ich damals aus den Gelben Seiten gewählt hatte. Er war es, der das depressive Erschöpfungssyndrom diagnostiziert und mir damit in meiner Einbildung den „Versagerstempel" aufgedrückt hatte. Dennoch habe ich an das Gespräch gute Erinnerungen, denn der Arzt hatte sich Zeit für mich genommen.

Noch immer habe ich keinen Hausarzt, da ich seit meinem Aufenthalt in der Psychosomatischen Klinik 2009 keine Praxis mehr von innen gesehen habe. Es gab für mich keinen Grund, einen Mediziner aufzusuchen. Erst heute ist es so weit, denn ich mache mir große Sorgen um meine Gesundheit. Fast schon fürchte ich, nie mehr beschwerdefrei atmen zu können. Mittlerweile schaue ich Raucher mit einem innerlichen Kopfschütteln an. *Wie kann man seine Lunge nur derart misshandeln? Was würde ich geben, um wieder Luft zu bekommen!* Das sind die Gedanken eines ehemaligen Rauchers, denn in meiner Jugend habe ich einige Glimmstängel vernichtet – trotz meines damaligen Asthmas.

Meine Gedankenausflüge beruhigen mich nicht und ich möchte auch in keiner Zeitschrift blättern. Etwa zwei Stunden muss ich warten, in denen ständig das Telefon klingelt und Patienten ein- und ausgehen. *Was für eine Hektik und Massenabfertigung.* Ich fühle mich zusehends unwohler, dennoch bleibe ich auf meinem Hintern sitzen. Mir fällt keine Alternative ein und ich wünsche mir, bald zu wissen, was mit mir los ist. Meine leise Hoffnung: Irgendwie blieb eine Erkältung auf halbem Wege stecken und kam nicht zum Ausbruch. Durch den fehlenden Husten hat sich in meiner Lunge Schleim festgesetzt, der mir beim Atmen diese Schmerzen bereitet. Der Arzt horcht mich ab, stellt ebendiese Diagnose und ich hole mir in der Apotheke ein pflanzliches Präparat. Endlich höre ich meinen Namen und folge der Arzthelferin, die mich in einen Behandlungsraum führt. Nach wenigen Minuten steht der Arzt vor mir, der mich nicht erkennt. Wir haben uns auch nur einmal vor fünfeinhalb Jahren gesehen und so ahnt er nicht, wie sehr er mir damals geholfen hat. Fast möchte ich es ihm erzählen, doch ein inneres Gefühl hält mich zurück. Dem Arzt schildere ich meine Beschwerden und er hört mich anschließend ab: Normal atmen, husten, tief einatmen und durch den Mund ausatmen. Meine Lunge ist frei – meine Theorie und Hoffnung sind damit das Klo runtergespült. Mit einem fragenden Gesicht ordnet der Mediziner einen Lungenfunktionstest an, der in einem anderen Behandlungsraum durchgeführt wird.

Eine freundliche Arzthelferin legt mir ein Messgerät in beide Hände, nachdem sie es in atemberaubender Geschwindigkeit eingestellt hat. Fast kommen die einzelnen Knöpfe mit dem Piepsen gar nicht hinterher. Ich muss, so lange ich kann, durch ein Röhrchen pusten, doch schon nach wenigen Sekunden ist bei mir im wahrsten Sinne des Wortes die Luft raus. Der Test wird wiederholt, danach bekomme ich ein Spray, welches die Lungenbläschen erweitern soll. Das Medikament kratzt unangenehm in der Lunge. So einen Sprüher hatte ich immer für Notfälle bei mir, als ich noch unter dem Asthma litt, was seit über 14 Jahren kuriert ist. Will die Krankheit etwa ein Comeback feiern? Wenn ja, warum ausgerechnet jetzt? Egal, wie angestrengt ich nachdenke, will mir kein Grund dafür einfallen. *Vielleicht habe ich ja auch eine andere Lungenkrankheit. Was sind eigentlich die ersten Symptome von Lungenkrebs?* Wieder wird mein Gedankengang unterbrochen: Das Spray konnte nun wirken und so wird der Lungenfunktionstest noch einmal wiederholt. Danach schickt mich die Arzthelferin zurück ins Wartezimmer, doch schon nach wenigen Minuten werde ich aufgerufen.

Der Arzt schaut sich die Messergebnisse an. Ich meine ein „Oh" zu hören, was mich augenblicklich beunruhigt. Der Mediziner zeigt mir den Ausdruck mit den Messergebnissen. Mit einem Kugelschreiber deutet er auf einen Wert, den ich hätte erreichen müssen, weit darunter liegt mein Ergebnis. Ich habe noch nicht einmal die Hälfte geschafft! Wenn ich es richtig sehe, liegt meine Lungenfunktion bei 40 Prozent. Oh, mein Gott! Der Arzt scheint auch überrascht zu sein. Er könne mir ein Spray aufschreiben, wobei es vorhin auch nicht gewirkt hat. Die schlechten Werte blieben unverändert. Ich solle einen Termin für ein Belastungs-EKG vereinbaren. Ich bin geschockt und stehe neben mir. In der nächsten Woche habe ich dafür keine Zeit, denn unter anderem fahre ich wegen den Interviews mit Helmut Lind, Ralf Müller und Christine Miedl von der Sparda-Bank nach München. Es war schwer, einen Termin zu finden, an dem alle im Haus sind und auch ausreichend Zeit haben. So einfach kann ich das Treffen demnach nicht verschieben – und ich möchte es auch nicht. Daher ist der Termin beim Arzt erst in zwei Wochen.

Die nächsten Tage laufe ich herum wie Falschgeld. Es fällt mir schwer, mich auf die Arbeit zu konzentrieren. An einem Abend mache ich testweise 30 Liegestütze und schnaufe danach wie eine Dampflok. Ich scheine immer schlechter Luft zu bekommen. Meine Sorgen wachsen und gedeihen. Nur den engsten Familien- und Freundeskreis informiere ich über meinen Zustand, was zur Folge hat, dass sich noch mehr Menschen sorgen. Ich versuche, die Situation mit einem Kalauer zu entspannen. So behaupte ich am „Helene-Fischer-Syndrom" zu leiden. Ich sei halt den ganzen Tag atemlos und nicht nur in der Nacht. Meine beste Freundin Carina (ja, auch Männer können eine beste Freundin haben), gibt mir den Hinweis, noch einmal intensiv Innenschau zu halten. Sie hatte mich in letzter Zeit gehetzt und gestresst erlebt. Fast möchte ich abwinken, doch ich muss ihr zustimmen: Es muss eine Ursache geben.

An einem Sonntagmorgen finde ich Zeit und Ruhe für eine längere Meditation. Während der Genesungsphase meines Burnouts hatte ich deutlich mehr meditiert, was mich entspannt und mir darüber hinaus einige Erkenntnisse beschert hat. Nun versuche ich die Botschaft meiner Lunge zu ergründen. Daher „frage" ich sie ohne Umschweife, was sie mir sagen möchte. Auch die Lunge „redet" nicht um den heißen Brei herum: Ich soll es fließen lassen. Aha. Damit kann ich noch wenig anfangen und so versuche ich zu ergründen, was ich nicht habe fließen lassen. Augenblicklich erscheinen meine Existenzängste, die mir die Luft abschnüren (!) und auch dafür sorgen, dass meine Lebensfreude auf der Strecke bleibt. „Du sollst es fließen lassen", wiederholt die Lunge ganz so, als befürchte sie, nicht gehört zu werden. Stimmt, in den letzten Wochen hatte ich bei jeder finanziellen Ausgabe – und sei sie auch noch so klein gewesen – ein schlechtes Gewissen. Ich hatte wieder gerechnet und prognostiziert, ab wann mir das Geld ausgehen würde. Mit diesem Druck hatte ich mich an meine Arbeit gesetzt, die mir zwar grundsätzlich Freude bereitet. Doch der von mir kreierte Druck überlagerte die Freude und zwar beruflich wie privat.

Die Meditation geht zu Ende und langsam öffne ich die Augen. Ich blinzle und lasse die Botschaft einige Sekunden in meinem Wachbewusstsein sacken. Kurz bin ich ein wenig sauer auf die Lunge, die es sich aus meiner Sicht einfach macht. *Lass du es mal fließen, wenn die äußeren Umstände schwierig sind.* Doch halt, ich bin alleinig dafür verantwortlich, wie ich mit ebendiesen Umständen umgehe. Nur weil es den ganzen Tag regnet, brauche ich keine schlechte Laune zu haben, oder? Außerdem macht das Fließenlassen mehr Spaß als sich zu sorgen. Ein wenig gestärkt fahre ich am Montag nach München und führe die Interviews in der Sparda-Bank. Ich wage kaum zu hoffen, doch ich bekomme schon wieder besser Luft. Zumindest ist der Schmerz in meiner Brust kaum noch spürbar.

Zurück in Fulda blinkt der Anrufbeantworter: Der Arzt ist krank geworden und so muss mein Termin für das Belastungs-EKG ausfallen. Ich nehme es als Zeichen, dass ich ihn nicht mehr brauche. Doch auch in den nächsten Tagen bleibt ein Rest Atemnot: Noch immer schnaufe ich bei kleineren Anstrengungen. Spontan rufe ich bei dem Facharzt an, den mir die Apothekerin ursprünglich empfohlen hat. Es ist Mittwoch und morgen fahre ich nach Lindlar, um dort unter anderem Dr. Blettenberg zu interviewen. In der nächsten Woche habe ich aber Muße, denn hier sollte ja der ursprüngliche Arztbesuch stattfinden.

Der Arzthelferin erkläre ich, dass ich seit über zwei Wochen Atemnot habe und mein Arzt krank geworden ist. Ich befürchte, zu viel Zeit zu verlieren und möchte daher gerne vom Facharzt untersucht werden. Es geschehen zwei Wunder: Eine Überweisung ist überflüssig und am nächsten Tag um 10 Uhr vormittags ist ein Termin frei. Das wäre mir aber zu knapp, da ich an diesem Tag abreise, und bitte daher um den nächsten möglichen Termin. Die Arzthelferin schaut nach: Das wäre dann im Januar. *Wie bitte!? Gleich morgen passt es und dann erst wieder im Januar? Will mich die Dame etwa auf den Arm nehmen?* Ich frage nach: Kurz vor meinem Anruf hat jemand seinen Termin abgesagt und ich sage aus dem Bauch heraus zu.

Pünktlich erscheine ich am nächsten Tag in der Praxis. Aufgrund der Treppenstufen bin ich ein wenig außer Atem. Auch hier hört sich der Arzt zunächst meine Geschichte an und dann meine Lunge ab. Sie ist nach wie vor frei. Nun geht es zum großen Lungenfunktionstest. Dazu nehme ich in einer durchsichtigen kleinen Kabine Platz. Kurz darauf wird die Tür luftdicht geschlossen und ich höre die Stimme der Arzthelferin aus dem Lautsprecher. Sie feuert mich an, durch das Mundstück kräftig ein- und auszuatmen. Dabei hüpft sie und schwenkt die Arme. Ich hatte noch nie eine persönliche Cheerleaderin. Fast muss ich lachen, doch ich konzentriere mich mal lieber auf den Test.

Zurück beim Arzt bin ich überrascht: Ich erreiche Bestwerte. Auch mein Blut ist bestens mit Sauerstoff versorgt. Dennoch geht es zum Röntgen einen Stock tiefer. Nach einer kurzen Wartezeit trete ich ein. Mit nacktem Oberkörper lehne ich mich an eine kalte Platte. Die Radiologin befestigt eine Bleischürze an meiner Taille. „Nun ist mein Hintern geschützt", sage ich zu ihr. „Äh, nicht nur der", ist die Antwort. Ich verstehe und werde rot. Zwei Aufnahmen später habe ich es hinter mir. Der Arzt schaut sie sich an und es ist alles in Ordnung. Schließlich veranlasst er noch einen letzten großen Lungentest. Zuvor bekomme ich wieder ein Spray, welches die Lungenbläschen erweitert. Wieder brennt es unangenehm in der Lunge. Auf dem

Flur muss ich warten, bis das Spray wirkt. Ich kann hören, wie die Arzthelferin nun einen anderen Patienten anfeuert. „Und jetzt tief ausatmen! Ja, so ist es gut!" Schließlich trete ich ein und meine zu den zwei anwesenden Arzthelferinnen: „Von draußen hört sich das hier an wie ein Geburtsvorbereitungskurs." Beide müssen lachen. In der Kabine wieder die gleiche Prozedur und wiederum verschafft mir das Spray keinen Vorteil.

Es folgt das letzte Gespräch mit dem Arzt: Was meine Lunge angeht, bin ich vollkommen gesund. Mir geht endgültig ein Licht auf: Dann müssen die Beschwerden komplett psychosomatisch gewesen sein. Im Geiste sehe ich mich meine Wohnung putzen und dabei immer wieder nach Luft schnappen. Ich schwitze und muss mich nach einigen Minuten ausruhen. Das alles war nur in meinem Kopf!

Seit meinem Burnout ist die Atemnot das stärkste körperliche Symptom – alleinig geschaffen für die Botschaft: Lass es fließen. Nochmals frage ich den Arzt: Kann es das Asthma gewesen sein? Er wiegt den Kopf hin und her und kann sich eine Rückkehr der Krankheit nicht vorstellen. Dafür gäbe es keinen Anlass. Und ich darf wieder Sport machen, frage ich hoffnungsvoll? Tatsächlich spüre ich schon lange wieder den Drang, mich sportlich zu betätigen. „Aber auf jeden Fall", meint der Arzt.

Nun möchte ich nur noch eines zum Abschluss wissen: Warum waren meine Werte beim Hausarzt dermaßen katastrophal? Der Mediziner windet sich ein wenig, da er keinem Kollegen vor den Kopf stoßen möchte. Wird ein Lungenfunktionstest nicht korrekt durchgeführt, so sind die Werte verfälscht. Es hat einen Grund, warum seine Arzthelferinnen die Patienten zu Höchstleistungen anspornen: Ansonsten pusten die einfach zu lasch. „Dann bekommen Sie bei den schlechten Werten irgendwelche Krankheiten an die Hacke." Zugegeben: Beim ersten Arzttermin bekam ich noch schlechter Luft als beim zweiten. Dennoch war die ganze Aufregung umsonst! Hauchdünn widerstehe ich dem Drang dem Arzt um den Hals zu fallen, so erleichtert bin ich.

Einige Tage später meldet sich der Sommer aus seinem Urlaub zurück: Es ist herrlich warm und die Sonne scheint. Ich bin mit dem

Fahrrad unterwegs und genieße das Privileg, aktiv sein zu können. Es ist unglaublich, wie sehr man etwas Selbstverständliches wieder zu schätzen weiß, wenn man es verloren hatte. Es stimmt schon: Manchmal neige ich noch zum Grübeln, doch oft gelingt es mir, die Gedankenschleifen zu durchbrechen. Sorgen macht sich immer nur der Verstand und nahezu immer waren sie im Nachhinein betrachtet unnötig. Stets ist alles gut gegangen, auch wenn manchmal die Wege anders aussahen, als ich gedacht hatte.

Zwei Wochen später hat sich der innerliche Druck jedoch ein neues Ventil gesucht: Magenkrämpfe. Sie kommen in Wellen und ich krümme mich vor Schmerzen. Was soll das denn nun wieder? Während ich ein pflanzliches Mittel nehme, um den Magen zu beruhigen, wende ich mich erneut der Innenschau zu. Siehe da, der innere Perfektionist hat sich ein neues Betätigungsfeld gesucht. Nachdem ich bei meiner Arbeit deutlich ruhiger geworden bin (es muss nicht immer alles sofort erledigt werden wie früher), hat sich der Perfektionist nun auch meinem Privatleben zugewandt. Er macht mich beispielsweise darauf aufmerksam, dass die Fenster immer noch nicht geputzt sind, und erinnert mich an meine zahlreichen Termine. Denke daran, du willst in dieser Woche zwei Mal ins Fitnessstudio, außerdem musst du noch in die Bibliothek und in den Supermarkt. Außerdem könntest du mal wieder etwas aufwendiger kochen und so weiter. Puh, ein straffes Programm neben meiner Arbeit. Doch ist es wirklich wichtig, an welchem Tag ich die Fenster putze? Sie wären zudem schon längst sauber, doch immer wenn ich mich ihnen widmen wollte, hatte es in Strömen geregnet. Ehrlich! Wie heißt es so schön? Ach ja, höhere Gewalt. Dennoch wirft mir mein Perfektionist im Unterbewusstsein vor, meinen Haushalt nicht im Griff zu haben. So entsteht Druck, der mir entweder den Atem nimmt oder mich verkrampfen lässt.

In der ersten Nacht ohne Bauchschmerzen habe ich einen wunderschönen Traum. Morgens schlafe ich extra noch eine Stunde länger, um mich in das behagliche Gefühl zu begeben: Mitten im Wald bewohne ich eine wunderschöne Hütte. Noch ist es goldener Herbst und ich verstaue meine Vorräte für den nahen Winter. Einmal rolle ich große Kürbisse ins Haus, ein anderes Mal fülle ich getrocknete Kräuter in Gläser. In der kalten Jahreszeit ergeben sie wunderbaren Tee. Meine Vorratskammer ist prall gefüllt, denn ich war im Sommer äußerst fleißig und habe viel geerntet. Übergangslos ist es bitterkalter Winter. Ich sitze mit einer Decke über dem Schoß im Schaukelstuhl in einem großen Wohnzimmer. An der Wand verteilt ein Holzofen behagliche Wärme. Dicke Schneeflocken fallen und der ganze Wald hat sich in eine weiße Winterlandschaft verwandelt. Ich sitze nicht nur im Warmen, sondern in vollkommener Geborgenheit. Es gibt nichts mehr zu tun, als zu entspannen. In einer Ecke stapeln sich die Romane, die ich in diesem Winter lesen möchte. Existenzsorgen könnten nicht weiter entfernt sein, als in diesem Moment, auch verspüre ich keinen Druck, irgendetwas tun zu müssen. Die Natur ruht und ich mit ihr. Als ich gegen sieben Uhr morgens aus meinem Traum erwache, drehe ich mich bewusst auf die andere Seite. Noch eine Weile möchte ich das Gefühl der Sicherheit und Geborgenheit behalten. Als ich eine Stunde später aufstehe, blinzle ich zunächst ein wenig verwirrt. Etwas ist anders. Ach ja, die Magenschmerzen sind weg.

Einige Wochen später hole ich die letzte Ernte (Mangold, die Sellerieknollen haben sich die Mäuse schmecken lassen) in meinem Saisongarten ein. Es ist Freitag und die Woche war sehr erfolgreich, so habe ich interessante Interviews geführt, einen Artikel geschrieben, an diesem Buch weitergearbeitet und unglaublich viele Punkte auf meiner Aufgabenliste abgearbeitet, die dort schon lange standen. Abends wird es früh dunkel und auch recht kalt. Ich sitze in meinem Sessel im Wohnzimmer mit einer Decke über dem Schoß. Es ist herrlich still, nur die Heizung rauscht leise vor sich hin, während sie eine behagliche Wärme verteilt. Auf dem Schrank sorgt ein glimmendes Räucherstäbchen für einen angenehmen Duft. Ich lese in einem Roman und genieße nach der aufregenden Woche meine Ruhe: kein Film, keine Musik, kein Computer, kein Gespräch. In diesen Momenten bin ich absolut zufrieden mit mir selbst und lasse mich in meine bewusste Auszeit fallen. Alles ist erledigt und perfekt, es gibt nichts zu tun. Aber in der nächsten Woche gibt es viel zu erledigen und vieles davon gleich am Montag. Doch das ist mir egal, denn ich weiß, dass ich alles zur rechten Zeit schaffen werde. Meine diesbezügliche Gewissheit ist so präsent, als könnte ich sie anfassen. Plötzlich ist sie da: Die Glückseligkeit, nach der ich die letzten Monate gesucht habe. Einfach so. Kurz darauf muss ich lachen: Ich fühle mich wie in meinem Hütten-Traum. Und tatsächlich habe ich auch noch genau an diesem Tag zum letzten Mal im Garten geerntet und lese nun im behaglichen Wohnzimmer abends einen Roman. Mir wird auch bewusst, wie viele Vorarbeiten ich in diesem Jahr geleistet habe, denn auf vielen Ebenen habe ich neue Samen ausgebracht, die zur richtigen Zeit aufgehen können. Wieder einmal hat sich rückblickend vieles ineinander gefügt, was ich im Voraus nicht hätte besser planen können – wenn es denn möglich gewesen wäre.

Wieder erkenne ich, dass mein Druck hausgemacht ist. Mit den Magenkrämpfen begegne ich auch den Ängsten, meine Vorhaben nicht bewältigen zu können. Dem Perfektionisten in mir mache ich klar, dass alles entweder in meinem oder in gar keinem Tempo vorangeht. Kein Mensch hat zu jeder Zeit alles perfekt im Griff und ja, wozu soll das auch gut sein? Beweise ich damit etwa, ein besserer Mensch zu sein, oder was? Wenn ich tief in mich hineinspüre, erkenne ich, dass ich – wie mir der Traum zeigte – in den letzten Monaten viele entscheidende Vorarbeiten erledigt habe. Es ist an der Zeit, wieder stärker zu vertrauen und dies auch zu üben.

Zudem widme ich mich an einem Samstag bewusst dem inneren Perfektionisten. Wieder ist meine Aufgabenliste für den Haushalt prall gefüllt, denn das Wetter hält und ich möchte unter anderem die Fenster putzen. Außerdem steht noch ein Einkauf in drei verschiedenen Geschäften an, ich muss ein Buch zurück in die Bibliothek bringen und ich möchte ein neues Backrezept ausprobieren. Dennoch schlafe ich mich zunächst aus und frühstücke in Ruhe. Unterwegs entscheide ich spontan, den Einkauf in einem Geschäft zu verschieben, weil ich das nicht zwingend heute erledigen muss. Kurz darauf kann ich den damit gewonnenen zeitlichen Freiraum nutzen, denn in Geschäft Nummer Zwei entwickelt sich ein tolles Gespräch mit einer Bekannten, die ich dort treffe. Zurück in meiner Wohnung putze ich die Fenster, wobei ich Radio höre und immer wieder zur Musik tanze – besser gesagt, rumhüpfe. Dabei gelingt es mir sogar irgendwie zu vermeiden, in den Putzeimer zu treten oder aus Versehen den Lappen aus dem Fenster zu werfen. Nach getaner Arbeit bin ich recht müde und habe keine Lust mehr zu backen. Daher beschließe ich, dass das Rezept warten kann, nehme stattdessen einen Roman zur Hand und entspanne mich auf dem Sofa. Natürlich meldet sich der innere Perfektionist. Er wirft mir vor, nicht alles erledigt zu haben, noch ist eben nicht alles perfekt. Ich muss grinsen. Natürlich ist alles perfekt: Alles Wichtige ist geschafft und nun habe ich noch jede Menge freie Zeit. Außerdem ist der Roman gerade sehr spannend und ich bin mit mir vollkommen im Reinen. Wie das angesichts der offenen Punkte auf der Aufgabenliste passieren konnte? Ich habe es einfach so beschlossen. Auch wenn es sich komisch anhören mag: Geduld und Zufriedenheit kann man tatsächlich wie einen Muskel trainieren, indem man beides einfach anwendet. Je öfter dies geschieht, umso leichter wird es mit der Zeit.

Allerdings muss ich gestehen, dass es gar nicht erst zu der Atemnot und den Magenkrämpfen hätte kommen müssen, wenn ich stärker Innenschau betrieben hätte. Dann wären mir der innerliche Druck und die unbewussten Ängste deutlich früher aufgefallen.

Während der Genesung von meinem Burnout habe ich viele Eindrücke gesammelt und meine inneren Werte (wieder) gefunden, die ich nun auch ausleben möchte. Dabei liegt es in der Natur der Sache, dass ich viel im Außen aktiv bin, und ich sollte deshalb öfter meditieren, um mich wieder zu zentrieren. So manch ein spirituell interessierter Mensch muss sich regelmäßig „erden", um den Kontakt zur realen Welt zu halten und nicht fortzuschweben. Vielleicht ist es für mich vorteilhaft, wenn ich mich regelmäßig „himmele", um meine spirituelle Praxis beizubehalten?

Wie sagte es Helmy Abouleish so schön? „Ich hoffe, dass es mir künftig auch ohne Krise gelingt mich zu ändern und ich dazu im Vorfeld über die rechtzeitige Einsicht die Zeichen erkenne."[23]

KAPITEL 15

Grün nach oben

Etwas verloren stehe ich im Matsch herum und beäuge skeptisch den Himmel. Noch vor einer halben Stunde tobte ein Gewitter, doch die Wolken scheinen sich zurückzuziehen. Vielleicht wollen sie auch nur neue Kraft tanken, um kurz darauf wieder zuschlagen zu können. Zunächst schüchtern lugt die Sonne hervor, die in den nächsten Minuten aber immer mutiger wird. Um mich herum stehen mir unbekannte Menschen und insgeheim frage ich mich, was ich hier soll. Heute nehmen die Saisongärtner ihre Parzellen in Empfang und ich bin mittendrin. Stefanie Krecek, Koordinatorin der „tegut... Saisongärten", zeigt uns, wo wir das Werkzeug finden, verteilt fleißig Saatgut und erklärt, was es in der nächsten Zeit zu beachten gilt. Sie ist sichtlich in ihrem Element.

Im Sommer 2014 kümmere ich mich um eine vierzig Quadratmeter große Parzelle, die zum größten Teil bereits bepflanzt ist. Hier sollen einmal Salate, Kartoffeln, Brokkoli, Mais, Bohnen, Erbsen und vieles mehr gedeihen. Davon ist in der Schlammwüste noch wenig zu sehen; eigentlich gar nichts. Drei Reihen sind noch frei, die ich nach meinen eigenen Wünschen nutzen darf. Ich soll hier also erfolgreich wirken? Das einzige, was ich vom Gärtnern weiß, ist, dass beim Setzen von Pflanzen das Grüne nach oben kommt – aber am besten fange ich mit dem Erzählen von vorne an.

Im Frühjahr erinnere ich mich an ein Gespräch, in welchem ich von einem Gemeinschaftsgartenprojekt in Fulda erfahren habe. Längst habe ich Lust, auch außerhalb meines Berufs weitere persönliche und soziale Kontakte zu knüpfen. Bewusst möchte ich Gleichgesinnte treffen, die sich auch für nachhaltige Lebensweisen interessieren. Zudem möchte ich mich mehr an der frischen Luft bewegen und schon lange vermisse ich einen Garten.

„Zeppelingärtner" nennen sich die Fuldaer GemeinschaftsgärtnerInnen, die auf brachliegenden Flächen Bio-Gemüse anbauen und anschließend die Ernte teilen. Zur richtigen Zeit nehme ich den Kontakt auf: Anfang März starten sie ein neues Gartenprojekt am Umweltzentrum. Von der Stadt Fulda haben sie dafür Flächen bekommen und nun müssen noch die Beete angelegt werden. An dieser Stelle bin ich froh, Journalist zu sein. Zunächst möchte ich in meinem jungen Blog „Brehl backt!" einen Beitrag zum ersten Spatenstich veröffentlichen. Daher finde ich mich am fraglichen Samstagvormittag mit Kamera, Stift und Notizblock ein. Keine zehn Sekunden schaue ich den Gärtnern zu, da werde ich auch schon freundlich angesprochen und begrüßt.

Das erste Eis ist schnell gebrochen und ich beginne mit meiner Arbeit: Ich fotografiere, stelle Fragen und mache Notizen. Da ich als Journalist auftrete, kann ich mir in der Rolle des Beobachters ohne inneren Druck ein Bild von dem Projekt machen. Mich freuen beispielsweise die Mischung an unterschiedlichen Charakteren und die große Bandbreite des Alters. Von der Studentin bis zum Rentner ist alles vertreten.

Ab einem gewissen Punkt habe ich genug Fotos geschossen und auch alle für den Beitrag relevanten Fakten ermittelt. Daher greife ich zur Schaufel. Nun gestehe ich, dass mich das Projekt auch privat interessiert. Unsicher steche ich Grasnarben ab, um die bereits vorhandenen Beete zu erweitern. Ein wenig habe ich Angst, etwas falsch zu machen und mich damit zu blamieren, aber meine Sorgen sind unberechtigt. Es folgen noch ein paar anregende Gespräche und schließlich mache ich mich glücklich auf dem Heimweg.[24]

Bei aller Freude brauche ich dennoch ein paar Wochen, um mich verbindlich beim Projekt anzumelden. Ehrlich gesagt, muss ich mich ziemlich in den Hintern treten, damit ich die Kontakte nicht wieder versanden lasse. Dabei mangelt es mir nicht an faulen Ausreden, denn ich habe fürs Gärtnern keine Zeit – und außerdem, was könnte ich mit meinen zwei linken Händen schon beitragen? Da ich in diesem Jahr aber nicht „nur" herausfinden wollte, wie ich es schaffe, meinem Herzen zu folgen, sondern auch weitere soziale Kontakte knüpfen möchte, überwinde ich mich doch. Zum Glück!

Am Montagabend treffen sich die Zeppelingärtner zur allgemeinen Besprechung. Anfangs bin ich innerlich äußerst nervös, was man mir aber nicht anmerkt. Ich bin unsicher, wie ich mich verhalten soll, was ich fragen oder vorschlagen kann. Schließlich bin ich der Neue und möchte erst einmal verstehen, was die Gruppe bisher gemacht hat. Verdutzt möchte ich manchmal die Augen aufreißen, wenn ein Beitrag von mir als gut und sinnvoll erachtet wird. Irgendwie überstehe ich die ersten Treffen. Manchmal würde ich sie am liebsten sausen lassen, besonders wenn der Tag aufgrund von viel Arbeit schon anstrengend genug war. Doch so wichtig es für mich ist, Muße für etwas zu haben, ist es doch hin und wieder sinnvoll, mich nicht vollständig dem Lustprinzip zu unterwerfen. Ich habe manchmal den Eindruck, dass mein innerer Schweinehund mich am liebsten in meiner Komfortzone anketten möchte. Ein sicheres Indiz dafür, richtig gehandelt zu haben, ist es, dass ich mich gut fühle, wenn ich über meinen Schatten springen konnte.

Unter der Woche, aber hauptsächlich am Samstag, wird gegärtnert. Nach und nach lerne ich meine neuen Mitstreiter und Mitstreiterinnen kennen und ich entdecke die Freude am handwerklichen Tun. Im wahrsten Sinne des Wortes fühle ich mich dadurch wieder geerdet. Auch meine Ängste, ich könnte nur im Weg stehen, weil ich wenig Ahnung von Gartenarbeit habe, lösen sich schon bald in Luft auf. Manch einem geht es ähnlich, doch einige Zeppelingärtner sind echte Profis. Handwerklich bin ich nicht wirklich geschickt, aber ich kann gut zuarbeiten, wie man so schön sagt. Zudem erstaunt es mich, wie schnell wir gemeinsam sichtbare Ergebnisse schaffen.

An einem Samstag befreie ich ein jahrelang ungepflegtes Beet von allem, was darin wuchert. Dafür brauche ich fast drei Stunden. Wäre ich alleine gewesen, wäre der Erfolg meiner Arbeitszeit im Vergleich zur Gesamtgröße des Gartens nicht weiter ins Gewicht gefallen. Doch wenn zehn Leute jeweils drei Stunden aktiv sind, leisten wir gemeinsam bereits 30 Arbeitsstunden. Obwohl mir dies mathematisch vollkommen klar ist, bin ich doch erstaunt. Zudem schuften wir uns nicht kaputt, denn es bleibt genug Raum für tolle Gespräche.

Ein anderes Mal ist das gemeinsame Gärtnern für mich ein wahres Heilmittel. – Schon seit Wochen gibt es einen Konflikt mit einem

Nachbarn, der sich einige Stunden zuvor zugespitzt hat. Innerlich koche ich, auch weil ich wütend auf mich selber bin. Zu lange habe ich damit gewartet, das Problem anzusprechen, und lasse meine Lebensqualität schon eine ganze Weile einschränken. Die bereits geführten kurzen und sachlichen Gespräche, meine Bitten und meine Erklärungen haben nichts gefruchtet. Einerseits verletzt mich dies und auf der anderen Seite fühle ich mich hilflos. Da ich absolut keine Lust habe umzuziehen, muss ich die Situation irgendwie lösen. Dafür ist es jedoch wichtig, zur Ruhe zu kommen, und hier hilft mir der Garten.

Eigentlich war meine Laune im Keller und ich wäre am liebsten zu Hause geblieben, aber ich überwinde mich. Je mehr ich mich um die Pflanzen kümmere, umso ruhiger werde ich. Irgendwie spüre ich durch das Wunder der Natur (stecke ein Samenkorn in die Erde, gieße regelmäßig und eine Pflanze wächst), dass es im Leben wesentlichere Dinge gibt. Ich bin auch ein kleiner Teil von einem großen Ganzen. Der Konflikt beginnt zu schrumpfen und schließlich löst sich mein Ärger fast vollständig in Luft auf. Mit einem Gärtnerfreund kann ich darüber hinaus mein Problem besprechen und er hat in seinem Bekanntenkreis von ähnlichen Erfahrungen gehört. Deutlich entspannter gehe ich nach Hause und kann die nächsten Schritte angehen.

Noch am selben Tag stehe ich mal wieder vor der Tür des Nachbarn und klingele. Verwundert drehe ich den Kopf und lausche. Was klopft hier denn so laut? Nach wenigen Sekunden merke ich, dass mir das Herz sprichwörtlich bis zum Halse klopft. Vor lauter Adrenalin zittern meine Hände. Schlagartig erinnere ich mich an meine Zeit in der Psychosomatischen Klinik. Dort hatte ich ein wenig Ärger mit einem anderen Patienten, der mich beleidigt hatte. Ich selber mag es am liebsten harmonisch und bin daher in der Vergangenheit Konflikten gerne aus dem Weg gegangen. Lieber habe ich mich kurz verbogen und den Frust geschluckt. Es war mir nahezu unmöglich, Grenzen zu ziehen, und in Streitgesprächen knickte ich schnell um des lieben Friedens Willen ein. Mit Hilfe meiner damaligen Therapeutin konnte ich den Konflikt mit dem anderen Patienten ansprechen und ihm auch erklären, was mich verletzt hatte. Verwundert nahm er zu Kenntnis, wie hart seine Worte doch gewesen waren, und nach einer Entschuldigung war alles wieder in Ordnung. Damals fiel mir ein kleiner Felsen vom Herzen. Zu meiner Überraschung erfuhr ich, dass Konflikte in der Klinik durchaus gewünscht seien, denn durch sie könne man viel lernen – auch weil unbewusste Verhaltensmuster zu Tage treten.

Als mein Nachbar die Tür öffnet, ahnt er nichts von meiner gedanklichen Reise in die Vergangenheit und auch meine Unsicherheit scheint er nicht zu bemerken. Irgendwie gelingt es mir, mit fester Stimme meinen Standpunkt zu verdeutlichen und klarzumachen, dass wir die Konfliktsituation klären müssen und es so, wie es ist, auf keinen Fall weitergeht. Etwas verdutzt stimmt mir der Nachbar zu. Wieder zurück in meiner Wohnung fühle ich mich unendlich erleichtert, auch wenn ich noch eine Weile zittere. Doch schon bald mache ich die ersten Freudensprünge: Mir ist es gelungen, zu mir zu stehen, und das auch noch in einer für mich äußerst unangenehmen Situation. Nach einigen Anlaufschwierigkeiten habe ich eine Grenze ziehen können. Besser spät als nie!

Dennoch frage ich mich, warum ich schon wieder mit einer für mich emotional äußerst anstrengenden Lebenssituation konfrontiert bin. Wann kehrt endlich Ruhe ein, habe ich in der Vergangenheit nicht schon genug durchgemacht? Bald wird mir bewusst: Mein Lernen wird dann zu Ende sein, wenn ich die Augen geschlossen habe und im Sarg liege.

Kurz nach dieser Erkenntnis ist auch der Konflikt mit dem Nachbarn im Großen und Ganzen passé. Es hat sich im Laufe der Zeit gezeigt, dass ich meine Grenze immer mal wieder neu ziehen muss. Doch insgeheim bedanke ich mich bei meinem Nachbarn, denn er war ein guter Lehrmeister.

Ein wichtiges Puzzlesteinchen war für mich die Ruhe, die ich durch das Gärtnern bekommen habe. Ich konnte innerlich auf Abstand gehen und daher die Situation aus einem anderen Blickwinkel betrachten. Auch gelang es mir, meinen Ärger und den damit verbundenen Frust durch die körperliche Arbeit abzuschütteln.

Beim gemeinschaftlichen Gärtnern traue ich mir inzwischen zu, brauchbare Ergebnisse zu produzieren und meine Unsicherheiten abzulegen. Mit von der Partie ist unter anderem Stefanie Krecek, die nicht nur bei den Zeppelingärtnern aktiv ist, sondern auch die Saisongärten des Lebensmittelhändlers tegut... koordiniert. Hier mieten sich Interessierte für einen Sommer eine Parzelle, die zum Teil schon bepflanzt ist.

Gegenüber Stefanie erwähnte ich leichtsinnig, dass ich bereits seit zwei Jahren mit einer eigenen Parzelle liebäugelte. Schließlich vermisste ich frisches Gemüse und Salate aus dem eigenen Garten schon eine ganze Weile. Ich bezweifelte allerdings, dass der von tegut... angegebene Zeitaufwand von zwei Stunden in der Woche halbwegs realistisch war – gerade für mich als Anfänger. „Willst du es herausfinden?", fragte mich Stefanie daraufhin keck. Ich könnte als Projekt für meinen Blog „Brehl backt!" eine kostenlose Parzelle bekommen, um über meine Erlebnisse zu schreiben.[25] Puh, ich alleine im Garten? Wann sollte ich das auch noch machen? Doch irgendwie verspürte ich Lust, es auszuprobieren. Außerdem hatte ich meine Klappe nun schon aufgerissen und kneifen wollte ich auch nicht. Daher sagte ich *ja* zu diesem Experiment, was mich an diesem verregneten Tag auf einen matschigen Acker führte.

Einerseits verspüre ich eine große Vorfreude, andererseits fühle ich mich ein wenig hilflos: Im Grunde habe ich doch gar keine Ahnung vom Gärtnern und nun will ich auch noch darüber schreiben. Ich fürchte ein wenig, mich angesichts meiner Unkenntnis öffentlich zu blamieren. Das ist aber nur die Skepsis meines Verstandes, der sich darum sorgt, was andere von mir denken könnten. Schnell gewinnt dann die Vorfreude die Oberhand. Zudem ist die Parzelle auch ein großes Geschenk – ich selber gebe gerne, das Annehmen übe ich nach wie vor …

Anfangs stehe ich wie der Ochse vor dem Berg und weiß nicht, wo ich anfangen soll. Zunächst heißt es, Geduld haben, bis die Samen aufgehen und die Pflänzchen ihre ersten Blätter gen Sonne strecken. Doch es wachsen auch unerwünschte Beikräuter und ich habe absolut keine Ahnung, wie ich die vom Gemüse unterscheiden soll. Schließlich kenne ich in den meisten Fällen nur die ausgereiften Früchte aus dem Laden.

Nach einem starken Regenguss grünt es überall auf dem ehemals trostlosen Acker. Mit einer Hacke über der Schulter schaue ich mich um. Was ist Beikraut und was Gemüse? Gebückt nehme ich die Pflänzchen in Augenschein und versuche, mir die Unterschiede einzuprägen. Aber im Grunde ist es einfach: Pflanzen, die auf dem ganzen Acker wachsen, können unmöglich das gesäte Gemüse sein. Daher mache ich mich beschwingt ans Werk. Zu Hause erhalte ich kurz darauf eine E-Mail von Stefanie. Im Anhang sind Bilder vom Beikraut, so dass Anfänger wie ich sie erkennen können. Generell verliere ich durch die wöchentlichen Informationen schon bald meine Scheu. Dank der Tipps weiß ich stets ungefähr, was zu tun ist. Der Rest ist Intuition, die sich überraschend schnell einstellt.

Dennoch war mir von Anfang an klar, dass ich auch Fehler machen werde. Als es tatsächlich geschieht, bin ich traurig. Die Radieschen hatten sich prächtig entwickelt: groß, rund und knackig. Ab und zu hatte ich geerntet, um die Reihe auszudünnen. So haben die einzelnen Früchte mehr Platz. Immer wieder hatte es geregnet und nach meinem optischen Empfinden war alles in bester Ordnung. Gut gelaunt ernte ich daher an einem sonnigen Nachmittag einen Salatkopf und etliche Radieschen, doch die Vorfreude auf mein frisches Abendessen hält leider nicht lange an. Die Radieschen sind viel zu fest und zu trocken, weil sie – wie ich heute weiß – doch zu wenig Wasser bekommen haben. In meinem Herzen spüre ich einen Stich, als ich die ganze Reihe herausreiße und auf den Komposthaufen schmeiße.

Ich fühle mich schuldig, weil durch mein Versäumnis wertvolle Lebensmittel zu „Abfall" geworden sind. Aber dann erinnere ich mich an mein Versprechen: Fehler möchte ich mir nicht lange vorhalten, sondern es gilt, aus den Erfahrungen zu lernen. Daher säe ich flugs eine neue Reihe und gelobe, mich besser um sie zu kümmern.

Auch bei anderen Gelegenheiten bahnt sich die Alltags-Philosophie durch das Gärtnern ihren Weg. Schon der Regen führt mir vor Augen, wie unterschiedlich Sichtweisen sein können. Während ich mich bei Regenwetter für meine Pflanzen und den Garten freue, sind andere vielleicht verärgert, weil ihr Tag im Freibad sprichwörtlich ins Wasser gefallen ist.

Meine Parzelle im Saisongarten wirkt heilsam, auch wenn ich manchmal glaube, dass mir die ganze Arbeit zu viel wird. So komme ich an einem Sommertag Ende Juli 2014 nur schwer in die Gänge und schon bald weiß ich auch, warum. In diesem Monat habe ich gut verdient, doch schon für die nächsten Wochen sieht es mau aus. Zwei kleine Aufträge habe ich noch, die zusammen noch nicht einmal die Miete einbringen. Obwohl ich im Hier und Jetzt leben möchte, werden meine Gedanken von der Zukunft angezogen wie Eisenspäne von einem Magneten. Augenblicklich ist mir schwindelig und mein Kopf wird schwer. Ich schaffe noch kleinere Tätigkeiten wie das Beantworten von E-Mails und das Vorbereiten eines Interviews, aber dann verlässt mich meine Konzentration. Traurig schalte ich den Computer aus und verziehe mich auf mein Sofa. Für einen Blogbeitrag in der nächsten Woche muss ich noch eine Zeitschrift lesen, was ich auch tatsächlich schaffe. Doch den Rest des Tages kreisen meine Gedanken um die Finanzlücke und ich werde unendlich müde. Schließlich falle ich in einen unruhigen Schlaf, aus dem ich hungrig erwache. Lust, etwas zu essen, habe ich nicht, aber ich brauche noch Kraft für den Abend. Mein Onkel holt mich ab, um mit mir einen gebrauchten Röhren-Fernseher zu transportieren, den jemand per Kleinanzeige als Geschenk angeboten hat. Das Gerät ist nicht nur groß, sondern auch unhandlich und schwer. Nach einer halben Stunde haben wir es geschafft und da mein Onkel noch mit dem Hund laufen möchte, verabschiedet er sich bald. Ich schaue auf die Uhr. Die Sonne wird noch eine Weile ihr Licht spenden, zudem ist es durch eine leichte Brise angenehm kühl. Kurz entschlossen springe ich auf mein Fahrrad und bin auch schon auf dem Weg zum Saisongarten.

Mein letzter Besuch ist ein paar Tage her und ich möchte wissen, wie sich die neuen Radieschen entwickelt haben. Zudem hatte mir Sonja, eine gute Freundin, die ebenfalls im Saisongarten aktiv ist, am Wochenende zuvor mitgeteilt, dass sie einige Kartoffelkäfer in meiner Parzelle gesammelt hatte. Und tatsächlich mampfen wieder ein paar Exemplare an den Blättern der Kartoffelpflanzen herum. Mein Herz macht vor Freude einen Hüpfer, als ich die ersten winzigen Ansätze von Kürbissen und kleine, grüne Kugeln sehe. Letztere werden hoffentlich schmackhafte Tomaten. Auch die Gurkenpflanze breitet sich aus. Augenblicklich bin ich davon fasziniert, wie sich innerhalb weniger Tage so viel verändern kann. Schon ein ganzes Stück besser gelaunt entferne ich Beikräuter, hacke ein wenig und ernte von den neuen Radieschen (knackig und lecker). Nach getaner Arbeit räume ich die Gartengeräte zurück in die Kiste und halte einen Moment inne. In den ersten zwei Reihen der Parzellen ist jeweils Mais gepflanzt, der mich mittlerweile fast überragt. Durch den leichten Wind rauschen die Blätter und ich lausche einige Momente andächtig. Der Frust darüber, einen Arbeitstag mehr oder weniger vertrödelt zu haben, verfliegt. Ich habe das Gefühl, mit dem wirklich Wichtigen in Kontakt zu sein, meine negativen Gedankenspiralen erscheinen mir auf einmal unwirklich. Tatsächlich werde ich bis zum Saisonende in meiner Parzelle jede Menge leckeres Gemüse ernten. Schon lange habe ich nicht mehr so gut gegessen, was an den frischen Bio-Lebensmitteln liegt.

Im Spätsommer ist es über längere Zeit kalt und es regnet fast ununterbrochen. Daher habe ich einen großen Verlust zu beklagen, denn sämtliche Tomaten sind angefault.[26] Dabei hatte ich mich auf sie am meisten gefreut. Doch die Trauer hält angesichts der Fülle nicht lange vor. Es ist eine gute Übung, sich auf das Positive zu konzentrieren: sich über das zu freuen, was man gewonnen hat, anstatt den Verlusten nachzutrauern. So ein Garten ist schon ein toller Lehrmeister.

Ein großer Unterschied existiert zwischen dem gemeinsamen Gärtnern bei den Zeppelingärtnern und dem Pflegen meiner persönlichen Parzelle im Saisongarten. Im letzteren liebe ich es manchmal, in aller Stille vor mich hin arbeiten zu können. In diesen Momenten kann ich ganz ins Hier und Jetzt eintauchen und vermisse keine Gespräche. Andererseits habe ich auch Lust auf die Gemeinschaft, in der ich neue Impulse bekomme oder einfach über ein paar flotte Sprüche lachen kann. Zudem geht bei mir innerlich die Sonne auf, wenn sich andere Menschen ehrlich freuen, mich zu sehen.

Generell entdecke ich meine Heimatstadt von einer ganz anderen Seite. An einem besonders heißen Samstag habe ich im Zeppelingarten mit der Handschere das Gras an den Beeträndern gestutzt,

Kurzerhand besetzte ich das gemeinsam gebaute neue Gewächshaus im Zeppelin-garten – zumindest so lange, bis die Tomaten einziehen. *(Foto: Alexandra Jacobi)*

wo man mit dem Rasenmäher nicht rankommt. Wir möchten es den Schnecken so schwer wie möglich machen und halten die Grä-ser daher gerne kurz. So entziehen wir ihnen den Schatten, den ich mir für mich selber herbeisehne. Es sind über 30 Grad und der Schweiß läuft in Strömen. Bereits am Vortag war ich in der Hitze des Nachmittags in meinem Saisongarten aktiv gewesen. Hier musste ich unter anderem noch Mangold ernten, den es zum Abendessen geben sollte.[27]

Zwei Tage hintereinander ist es mir einfach zu heiß und ich habe das Gefühl, dass mir zu viel Sonne aufs Dach scheint. Daher genießen wir Zeppelingärtner eine schöne Auszeit im Bistro des Umweltzen-trums, wobei ich mir ein Stück Bio-Kuchen schmecken lasse. Am späten Nachmittag kaufe ich noch schnell ein paar Kleinigkeiten ein. Nach dem Abendessen bin ich vollkommen geplättet und so schlafe ich tatsächlich bereits um 19 Uhr auf dem Sofa ein.

Gerade habe ich mich ein wenig aufgerappelt, als mein Mobil-telefon klingelt. Ein Zeppelingärtner ist dran. Wir hatten uns am Nachmittag über das Luckenberg-Fest unterhalten, bei dem auch

Gemeinschaftsgärtner aktiv sind. Der Anrufer möchte wissen, ob ich auch komme, denn am Nachmittag hatte ich mich noch nicht entschieden. Ich sage ab, weil ich mich zu müde fühle. Doch schon eine Stunde später geht es mir besser. Nun breitet sich das schlechte Gewissen aus, angesichts eines wunderschönen lauen Sommerabends in der Bude zu hocken. Das Fest ist wenige Gehminuten entfernt und einige meiner mittlerweile guten Bekannten sind da. Ich könnte ja auf ein kühles Bierchen kurz Hallo sagen und wenn es mir doch nicht so gut gehen sollte, mache ich mich halt auf den Heimweg. Gedacht, getan.

Der Luckenberg ist eine wunderschöne Straße mit tollen Häusern und an diesem Sommerabend mit Lampions im Baum geschmückt. Ich treffe meine Bekannten, genieße ein kühles Bier aus einer kleinen Brauerei, die ich bis dato noch nicht kannte. Zusammen mit der Livemusik verspricht alles ein entspannter und lustiger Abend zu werden. Meine Müdigkeit ist vollkommen verflogen und ich vergesse die Zeit. Plötzlich wechselt der Sänger, alle sind aufgeregt und ich werde angestupst. Am Mikro steht Chris de Burgh mit Gitarre und singt. Der weltbekannte Sänger verbrachte in einem nahen Lokal den Abend. Ein junger Mann hatte ihn gefragt, ob er für das Straßenfest ein paar Lieder singen möchte. Das sind Momente und „Zufälle", die einem kein Mensch glaubt.[28] Auch wenn ich gestehen muss, kein Fan von Chris de Burgh zu sein, war es doch ein Erlebnis, ihn so nahe und vor allem dermaßen unverhofft zu sehen. Erst um ein Uhr am Morgen schleicht sich die Müdigkeit wieder an, vielleicht liegt es auch am Bier. Dankbar, einen solch tollen Abend erlebt zu haben, mache ich mich auf den Heimweg. Ohne meine Bekanntschaft mit den Zeppelingärtnern [29] hätte ich dieses Ereignis wenige Gehminuten von meinem Zuhause entfernt verpasst.

„Aus journalistischer Sicht bin ich erblüht, doch wie sieht es im Privatleben aus? An wie vielen Abenden in der Woche bin ich alleine? An sieben. Wie viele neue Freundschaften konnte ich in meiner direkten Umgebung schließen? Keine. Bin ich in eine gesellschaftliche Sackgasse geraten? Wo soll ich hin, was soll ich tun?", fragte ich mich in meinem Buch „Mein Weg aus dem Burnout". Wie sich die

Zeiten doch geändert haben. Dabei habe ich nicht den *einen* großen Schalter umgelegt, vielmehr waren es viele kleine Schritte mit einigen Schattensprüngen.

In meiner Genesungsphase hatte ich mich von Vielem zurückgezogen und mich zunächst mit mir selber beschäftigt. Das war wichtig und richtig. Nun ist es aber an der Zeit, dass ich mich mehr und mehr öffne, denn langsam reift in mir die Erkenntnis, dass die Fülle in meinem Privatleben stärker Einzug halten möchte. Ich muss sie nur reinlassen und mich dazu hin und wieder aus meiner Komfortzone hinausbewegen.

Noch immer gibt es Phasen von Ebbe und Flut: Manchmal scheint mir alles zu viel zu werden, dann brauche ich Ruhe. An anderen Tagen sprühe ich vor Tatendrang und werde traurig, wenn ich ihn nicht einsetze. Nach wie vor gilt es für mich, die Zeitqualität zu erkennen, denn auch die Ebbe ist essentiell. Während dieser Zeit reflektiere und verarbeite ich Erlebnisse. Neue Ideen erblicken das Licht der Welt, wenn ich einen Schritt zurücktrete und das große Ganze betrachte. Die Flut gilt es zu nutzen, um meine vielfältigen beruflichen wie auch privaten Vorhaben umzusetzen.

KAPITEL 16

Am Ziel?!

Die Blätter an den Bäumen sind mittlerweile bunt und werden vom Wind fortgeweht. Der Sommer ist vorbei, auch wenn es noch ein paar warme, sonnige Tage im Herbst gibt. Meine erste Gartensaison geht zu Ende und der Großteil des Gemüses ist bereits verspeist. Auf der einen Seite bin ich traurig, die nächsten Monate nicht mehr im Garten arbeiten zu können. Andererseits fühlt sich die anbrechende besinnliche Zeit richtig an. Bald hält die Natur ihren Winterschlaf und schöpft dadurch neue Kräfte.

Auch ich möchte die Früchte meiner Arbeit genießen, denn allen Widerständen zum Trotz sind die letzten Monate erfolgreich verlaufen. Ich habe vieles erreicht, von dem ich glaubte, es sei nahezu unmöglich. Dabei sollte mich im Grunde nichts mehr wundern, denn als ich damals schwer am depressiven Erschöpfungssyndrom erkrankt war, zweifelte ich äußerst stark daran, wieder genesen zu können. Es lag außerhalb meiner Vorstellung, an dem Punkt zu stehen, an dem ich heute bin. Jeden, der mir das prophezeit hätte, hätte ich augenblicklich für verrückt erklärt. Rückblickend betrachtet hat alles auf meinem Weg – vom Totalabsturz bis zum heutigen Tag – aufeinander aufgebaut. Die vielen kleinen Schritte und Erfolge waren wie Mosaiksteine, die nach und nach das Bild vervollständigten. Dabei hatte ich oft auf den *einen* großen Durchbruch gehofft, den es aber gar nicht brauchte.

Ein richtig großer Mosaikstein ist meine Reise für dieses Buch, die nun zu Ende geht. Die Gespräche mit den Herzensfolgern haben mir viele neue Sichtweisen beschert und mein Leben dadurch bereichert. Eigentlich wollte ich ja herausfinden, wie ich im Hinblick auf meine Finanzen meinen im Mai 2009 eingeschlagenen Neubeginn weiterführen kann. Damals verließ ich die psychosomatische Klinik mit der Aussicht auf eine ungewisse Zukunft. Tief in meinem Inneren fühlte ich mich jedoch, als hätte ich zum zweiten Mal das Licht der Welt erblickt. Als Träumer entdeckte ich meine Vorliebe für das Gemeinwohlstreben und vernachlässigte dabei aber allzu gerne die Wirtschaftlichkeit. Durch Helmy Abouleish und Helmut Lind ist mir nun klar geworden, dass diese beiden Pole durchaus miteinander vereinbar sind.

In einer Meditation möchte ich herausfinden, wie ich die Gegensätze miteinander verbinden kann, und bekomme eine überraschende Antwort in Form eines Bildes, wobei auch meine ersten Erfahrungen als Gärtner wohl einen Beitrag leisten:

Ich habe absolut keine Ahnung, wie das Gemüse wächst. Das Wunder, dass aus einem Samenkorn eine Pflanze wird, die Nährstoffe aus dem Boden und die Energie des Sonnenlichts nutzt und umwandelt, ist mir unbegreiflich. Alleine das komplexe Zusammenspiel der einzelnen Komponenten in der Natur lassen meinen Kopf schwirren. Mein Verstand will immer alles genau wissen und analysieren. Doch im Falle des Salates ist das „Wie" kaum entscheidend. Meine Aufgabe ist es, dem Salat das Wachsen zu ermöglichen – ich gieße ihn, lockere den Boden und bewahre ihn so gut es geht vor Schädlingen. So sieht es auch mit meinem weiteren persönlichen wie auch beruflichen Weg aus: Indem ich jeden Tag den „Garten" pflege, können neue Möglichkeiten „wachsen" und „gedeihen". Dabei liegt es alleine an mir, ob ich vertraue oder mir Sorgen mache.

Außerdem darf ich schon heute ein paar Früchte meiner Arbeit genießen. Wenn ich ehrlich bin, habe ich 2014 eine Menge erreicht, auch wenn ich finanziell noch nicht unabhängig bin. Aber ich habe mich interessanten Themen widmen können, neue Auftraggeber gefunden und endlich ein soziales Umfeld aufgebaut. Damit ist dieses Jahr ganz klar ein Gewinn. Ich gehe meinen Weg weiter, auch wenn ich vielleicht morgen nicht mehr ausschließlich das tun kann, was mir am Herzen liegt, weil ich es mir einfach wirtschaftlich nicht mehr leisten kann. Aber zumindest habe ich es *heute* getan.

In meinem Inneren spüre ich genau, dass ich es bereuen würde aufzugeben. Mit einem Lächeln im Gesicht wird mir bewusst, dass ich meinen Weg wie selbstverständlich weitergegangen bin – aufkeimenden Ängsten, Zweifeln und Grübelphasen zum Trotz. Und ich bin mir nach diesem Buchprojekt absolut sicher, dass es noch viele interessante Herzensfolger gibt. Ich bin schon jetzt gespannt, welche mir auf meinem weiteren Weg begegnen werden.

* * *

Nachtrag zum Fall Dr. Blettenberg

Schweren Herzens und entgegen seiner innersten Rechtsüberzeugung hat Dr. Blettenberg Ende Mai 2015 einem Vergleich zugestimmt, um seine Kinder, die Familie und die Arztpraxis zu schützen. Die offenen Regressforderungen sind mit einer einmaligen Zahlung von 110.000 Euro abgegolten.

Da ihm keine seiner beiden Hausbanken einen ordentlichen Kredit gewähren konnte oder wollte (wegen der derzeitigen Niedrigzinsphase leihen sich Banken Geld fast schon zum Nulltarif), musste Dr. Blettenberg komplett auf seinen Kontokorrent zurückgreifen. Damit einher geht eine gefährliche Schuldenfalle namens „Zinseszinseffekt".

„Ich muss sehen, wie ich das stemmen kann", sagt Dr. Blettenberg. „Die ständige Ungewissheit und die Zukunftssorgen haben meine Familie stärker belastet, als ich dachte."

Auf den Termin für das Sozialgerichtsverfahren aus dem Jahr 2009 wartet der Allgemeinmediziner gefühlte Ewigkeiten. Bis zur endgültigen Klärung, deren Zeitpunkt alleinig in den Sternen stand, hätten noch etliche Jahre ins Land gehen können. Bis dahin hätte Dr. Blettenberg weiterhin 4.000 Euro monatlich zahlen müssen. Über den dazu notwendigen langen finanziellen Atem verfügt er nicht.

Bitter ist zudem, dass Dr. Blettenberg keinen echten Neuanfang erhält. Für die Jahre 2013 und 2014 können erneute Regresse auf ihn zukommen, da seine Patientenstruktur in dieser Zeit unverändert geblieben ist.

Dennoch hat er sich seinen Kämpfergeist bewahrt und möchte weiterhin aktiv auf die Problematiken der Kassenärzte aufmerksam machen. Viel zu oft steht in seinen Augen die Wirtschaftlichkeit vor dem Patientenwohl.

Es ist nicht deine Schuld,
dass die Welt ist, wie sie ist!
Es wär nur deine Schuld,
wenn sie so bleibt!

Aus: die ärzte „Deine Schuld"

Nachwort zur Inspiration

Ende Mai 2013. Ich hatte mich in der Fuldaer Bibliothek umgeschaut und alles gefunden, was ich brauchte. Mit einigen Büchern unter dem Arm begab ich mich zum Buchungssystem für die Ausleihe. Nichts wie nach Hause, denn an diesem Samstag erwartete mich noch jede Menge Hausarbeit, die ich so schnell wie möglich erledigen wollte. Danach könnte ich entspannt ins Wochenende starten.

Plötzlich blieb ich wie angewurzelt stehen. Aus den Augenwinkeln heraus nahm ich eine Information auf, die mein Gehirn automatisch als „äußerst interessant" einstufte. Auf der Stirnseite eines Regals stand das Buch „Ideale – Auf der Suche nach dem, was zählt". Ich nahm das Werk zur Hand und las den Text auf dem Buchrücken. Die Journalistin Julia Friedrichs hat sich Gedanken gemacht, warum unsere Gesellschaft derart pragmatisch geworden ist und sich junge Menschen schwer tun, für Visionen einzutreten. Deshalb begab sich Friedrichs ein Jahr lang auf die Reise und suchte in persönlichen Gesprächen mit unterschiedlichen Menschen Antworten. Zugegeben, das klang wirklich interessant, doch schon fand mein Verstand einen Grund, das Buch augenblicklich zurück in das Regal zu legen. Friedrichs Gesprächspartner waren unter anderem Günter Grass und Ex-Bundeskanzler Gerhard Schröder. Och, nee, wer will denn von denen etwas hören? Doch bevor ich das Buch aus der Hand geben konnte, übernahm meine Intuition das Ruder. Wenn ich tief in mich hineinhorchte, *wollte* ich das Buch nicht nur lesen, sondern ich *musste* es! Na toll! Die eigene Intuition kann einem schon auf den Keks gehen, besonders dann, wenn der Verstand eine gegenteilige Meinung vertritt. Doch wie oft hat sich mein Bauchgefühl schon geirrt? Noch nie. (Tatsächlich fällt mir auch nach langem Überlegen kein einziges Mal ein, wo das Bauchgefühl falsch war.) Da ich absolut keine Lust verspürte, noch länger unschlüssig am Regal stehen zu bleiben, packte ich das Buch schließlich ein.

Die Intuition sollte recht behalten: Sofort zog mich Friedrichs Schreibstil in den Bann, denn in ihrem Buch zeigt sie viel von sich: Als ihr Sohn das Licht der Welt erblickte, machte sich die junge Mutter angesichts von ökologischen und wirtschaftlichen Krisen Gedanken, in welchem Zustand sie die Welt für ihr Kind hinterlassen würde. Nahezu überschwänglich formulierte sie am Silvesterabend gute Vorsätze für das kommende Jahr. Sie wollte unter anderem nur noch bei Unternehmen einkaufen, die nach Tarif bezahlen, regelmäßig Geld spenden und sich sozial in ihrem Berliner Viertel engagieren. Vorbilder besaß die junge Frau keine mehr, denn ihre bisherigen Idole sind heute gefallene Helden, die ihre Ideale nicht beibehalten konnten – wenn sie sie überhaupt jemals wirklich besessen haben. Und auch Friedrichs gute Vorhaben gerieten bald im Trubel des Alltags in Vergessenheit.

Besonders beeindruckt hat mich Friedrichs damit, wie selbstreflektiert sie mit der Thematik umging. Sie suchte keine Schuldigen, klagte nicht unnötig an, sondern fasste sich an die eigene Nase. Offen zeigte sie eigene Schwächen auf und vermied es zu jammern. Sie erkannte, wie schwer es sein kann, sich selbst treu zu bleiben und sein eigenes oftmals eingefahrenes Handeln zu ändern. Zudem sprengte sie mit ihren Gesprächspartnern die Grenzen meines Weltbildes. Sie sprach mit Menschen, die ich selber wahrscheinlich nie treffen werde, über Ideale. So lernte ich neue Aspekte kennen und mehr als einmal überraschten mich die Aussagen einzelner Gesprächspartner. Schließlich lebt jeder in seiner Welt und jeder besitzt eine individuelle Wahrheit. Durch offene und ehrliche Kommunikation können wir uns annähern.

So war es mir beispielsweise neu, dass ein Hedgefondsmanager, mit dem sich Friedrichs im Steuerparadies der Cayman Islands traf, sich Gedanken um Moral machte. Oder dass Günter Grass wohl gar nicht der nervende Moralapostel war, für den ich ihn gehalten hatte. Obwohl ich in der Bibliothek die Augen verdrehte, als ich seinen Namen auf dem Buchrücken las, war der Abschnitt mit ihm durchaus interessant – auch ohne seine Literatur zu kennen. Friedrichs hatte vor dem Treffen eine ganze Reihe seiner Bücher gelesen, um bestens vorbereitet zu sein. Doch er fragte nicht ab, welche Werke sie kannte, wie sie zunächst befürchtet hatte. Auch das Gespräch mit Gerhard Schröder empfand ich wider Erwarten interessant, denn es zeigte auf, wie gefangen Politiker in einem System sein können (siehe dazu auch die Aussagen von Helmy Abouleish im Kapitel „Asterix in Ägypten"). Irgendwann kam Friedrichs an den Punkt, an dem sie noch unzählige Gespräche hätte führen können, doch sie war ja unter anderem auch auf der Suche nach einem Weg für sich selbst. Alleine würde sie die Welt nicht retten können, aber sie könnte im Rahmen ihrer Möglichkeiten und vor allem in ihrem eigenen Tempo kleine Änderungen bewirken.

Es ist eine Kunst, sich selbst Zeit zu geben und sich keinen Druck zu machen. Allzu schnell ist man von sich enttäuscht, wenn man mal wieder unbewusst in alte Verhaltensmuster gerutscht ist oder die kleinen Schritte sich anfangs noch nicht deutlich sichtbar auswirken.

Schon eine Weile beschäftigten mich die Themen „enkeltaugliches Wirtschaften" und „gesellschaftlicher Wandel" hin zum Gemeinwohl auf allen Ebenen. Ja, ich weiß, das klingt wie eine Utopie. Doch man muss kein besonders spiritueller oder gebildeter Mensch sein, um zu erkennen, dass unsere Gesellschaft mit einem stark ausgeprägten Gemeinwohlsinn echte Fortschritte auf vielen Ebenen machen würde. Noch beuten wir beispielsweise die natürlichen Ressourcen aus, um daraus nutzlosen Konsumschrott zu produzieren, der meist als giftiger und schwer wieder zu verwertender Abfall endet – alles im Dienste des unendlichen Wirtschaftswachstums. Wenn wir das Ganze mit klarem Verstand betrachten, merken wir schnell, wie verrückt das alles ist. Die wenigsten Menschen werden dadurch glücklich, im Gegenteil, viele erkranken.

Wir sitzen alle im gleichen Boot, denn wir sausen auf derselben blauen Kugel durch unser Sonnensystem. So wirkt sich mein Handeln zwangsläufig auf die Lebenssituation von meinen Mitmenschen aus. Daher halte ich Konkurrenzmodelle für veraltet und sie werden durch Kooperation im Dienste des Gemeinwohls ersetzt werden müssen. Schließlich steckt im Wort „Gemeinwohl" auch „mein Wohl".

Oft bin ich mit Menschen in engem Kontakt, die ähnlich denken – was auch logisch ist, denn schließlich sind sie mir sympathischer als andere. Mit Gleichgesinnten kann man viel bewegen, doch die Gefahr besteht, dass man nur noch Augen für sein persönliches Milieu und dessen Bedürfnisse hat. Daher tut es gut, sich hin und wieder mit Andersdenkenden zu unterhalten.

Das Buch „Ideale – Auf der Suche nach dem, was zählt" war für mich daher eine ideale Lektüre. Ich legte sie nicht einfach beiseite, sondern der Inhalt beschäftigte mich über Wochen. Es entstand die eine oder andere interessante Diskussion in meinem persönlichen Umfeld.

Und noch etwas geschah: Mein Buch „Einmal Hölle und zurück – Mein Weg aus dem Burnout in ein neues Leben" hatte ich vor einem halben Jahr als kulturelles Gemeingut veröffentlicht. Seitdem hatten mehrere tausend Menschen das Werk gelesen und einige nahmen sogar mit mir Kontakt auf. Ich lernte auf diese Weise interessante Menschen kennen und mit manchen von ihnen traf ich mich sogar persönlich. Doch es juckte mich schon eine ganze Weile in den Fingern, denn die Schreibarbeit an „Einmal Hölle und zurück" (neuer Titel: „Mein Weg aus dem Burnout – Der Stressfalle entkommen, Lebenskunst entwickeln) war zwar (emotional) anstrengend gewesen, doch es war auch eine schöne Zeit. Es ist ein wunderbares Gefühl, sich über einem längeren Zeitraum einem Projekt zu widmen und zu sehen, wie es wächst. In manchen Phasen floss der Text nur so aus mir heraus, doch dann gab es Momente, in denen gar nichts ging. Alles bisher Geschriebene erschien mir belanglos und ich dachte, kein Mensch würde sich dafür interessieren. Oder ich befürchtete, den Faden zu verlieren, mich zu oft zu wiederholen oder zu wirr zu sein. Auch die verzweifelten Phasen, wenn sich der Glaube einschleicht, kein Mensch würde sich für das Geschriebene interessieren, oder die eine oder andere Schreibblockade sind wertvolle Erfahrungen. Kurz gesagt: Ich wollte wieder ein Buch schreiben.

Doch mit welchem Thema könnte ich mich beschäftigen? Zunächst legte Friedrichs mit ihrem Werk einen wichtigen Grundstein. Wenige Wochen später führte ich für meinen Blog „Der Freigeber" (www.der-freigeber.de) an einem Freitag Vormittag ein Interview mit Reinhold Hartmann über seine gemeinnützige Initiative „Trans!Charity". Eine halbe Stunde sollte das Telefoninterview dauern und nach 25 Minuten hatte ich alles „im Kasten". Dennoch sollten wir noch über eine Stunde telefonieren, denn Hartmann interessierte sich für mich und meine Arbeitsweise. Es entspann sich ein Gespräch darüber, dass es manchmal schwer ist, seinem Herzen zu folgen, wenn man sich damit in der Minderheit befindet – oder es zumindest glaubt.

Die Kombination von Julia Friedrichs Buch und dem Telefonat mit Reinhold Hartmann brachte einen Stein ins Rollen. Drei Tage später am Montagmorgen begann ich, das Ihnen vorliegende Buch zu schreiben. Am Wochenende hatten sich dermaßen viele Ideen in meinem Kopf eingefunden, dass ich sie zu Papier bringen musste. Eigentlich standen andere Aufgaben auf meiner Liste, doch schon beim Schreiben der ersten Zeile war es wieder da, das wohlige Kribbeln.

Anmerkungen

(1) Internetseite mit den Videos der Konferenz: www.karmakonsum.de/konferenz/kongress/videos-2012/

(2) http://opensourceecology.de

(3) http://opensourceecology.org/wiki/Germany/Wind_Turbine

(4) Alle von mir in Anspruch genommenen Presserabatte, sonstige Vergünstigungen und Geschenke veröffentliche ich unter www.jens-brehl.de/transparenz/

(5) Text und Videointerview unter http://osthessen-news.de/n1223297/region-burnout-gratis-e-book-einmal-h-lle-und-zur-ck-von-jens-brehl-erschienen.html

(6) Amazon zahlt im Rahmen einer sog. Affiliate-Vereinbarung eine kleine Provision für jeden Kauf, der durch Vermittlung einer anderen Internetseite zustande kommt. Wenn also jemand von meiner Homepage aus zu Amazon ging und dort etwas kaufte, wurde ich an dem Umsatz prozentual beteiligt.

(7) „Fragwürdige Quote: Warum Jobcenter die Leiharbeit pushen", Plusminus 13.03.2013; www.youtube.com/watch?v=ZN22sHH_SeI und „Ausgeliefert! Leiharbeiter bei Amazon" Reportage & Dokumentation, ARD; www.youtube.com/watch?v=zBXt55E3c9I]

(8) www.der-freigeber.de

(9) www.der-freigeber.de/spiritualitaet-in-der-politik/

(10) www.der-freigeber.de/transparenz/

(11) Meine erste Erfolgsgeschichte mit meinem nagelneuen Blog durfte ich in einem Gastbeitrag unter www.lousypennies.de/2013/10/02/freigeber-so-lousy-sind-pennies-gar-nicht/ vollständig erzählen.

(12) Der Artikel „Ökonomie des Miteinander – Die Rückkehr des Gemeinwohlstrebens" ist im Magazin raum & zeit 183/2013 erschienen.

(13) Weiterführende Informationen zum Buch unter www.jens-brehl.de/journalist/buch/

(14) Das Interview „Ich möchte die Kraft einer Utopie spürbar machen" erschien im Magazin raum & zeit Ausgabe 170 /2011.

(15) www.junifilm.de/filme/die_weltbuergerin.html

(16) Unter www.brehl-backt.de/buttermilchbrot/ habe ich das Rezept veröffentlicht.

(17) www.brehl-backt.de

(18) Der dazugehörige Artikel ist unter www.der-freigeber.de/damit-geld-an-kommt-neue-internetplattform-fuer-gemeinnuetzige-organisationen/ zu finden.

(19) www.jens-brehl.de/transparenz/

(20) Weiterführende Informationen zur Gemeinwohl-Ökonomie finden Sie unter https://www.ecogood.org/

(21) siehe auch Literaturempfehlung auf Seite 176

(22) Die Gemeinwohl-Bilanz und weitere Informationen sind auf der Internetseite der Sparda-Bank München zu finden: www.sparda-m.de/gemeinwohl-oekonomie.php

(23) Erfolg als Gefahr: „Wer den ganzen Tag die Welt rettet, verliert mitunter die wichtigen Dinge des Lebens aus den Augen", www.der-freigeber.de/erfolg-als-gefahr

(24) Den Beitrag über die ersten Spatenstiche habe ich unter www.brehl-backt.de/neuer-gemeinschaftsgarten-am-umweltzentrum-fulda/ veröffentlicht.

(25) Alle Berichte aus meinem Saisongarten sind unter www.brehl-backt.de/tag/saisongarten/ zu finden.

(26) Auch über den Tomatenfrust habe ich berichtet: www.brehl-backt.de/tomaten-frust-im-saisongarten/

(27) Über den Ernteeinsatz trotz Hitze habe ich unter www.brehl-backt.de/fuer-eine-handvoll-erbsen/ berichtet.

(28) Als Beweis, dass meine Phantasie nicht mit mir durchgegangen ist und Chris de Burgh tatsächlich auf einem kleinen Fuldaer Straßenfest gesungen hat: https://osthessen-news.de/n1251461/fulda-luckenbergfest-mit-spontanem-weltstar-chris-de-burgh-war-da.html.

(29) Mehr über die Zeppelingärtner erfährt man in meinem Blog unter www.brehl-backt.de/tag/zeppelingarten/ und auch im Magazin SeitenWechsel konnte ich von meinen Gartenerfahrungen unter www.seitenwechsel-magazin.de/artikel/gruen-nach-oben-vom-schreibtischtaeter-zum-aktiven-stadtgaertner.html berichten

Dank

Wieder einmal möchte ich mich bei so Vielen bedanken, dass ich fürchte, der Platz reicht an dieser Stelle nicht aus. Auch wenn hier jemand namentlich nicht explizit erwähnt wird, habe ich ihn nicht vergessen – Ehrenwort!

Mein erster Dank gilt den InterviewpartnerInnen, die sich für meine Fragen Zeit genommen haben. Jedes einzelne Gespräch wirkte bei mir nach, was ich als sehr wertvoll empfand.

Carina hat mich immer wieder ermutigt, bei diesem Buchprojekt am Ball zu bleiben. Ja, es gab den einen oder anderen Moment, in dem ich glaubte, aufgeben zu müssen. Also liebe Carina: Vielen Dank für unsere tiefe Freundschaft. Schön, dass es Menschen wie dich gibt!

Viele aufmunternde Worte und zahlreiche „Durchhaltepakete" randvoll mit leckeren Bio-Lebensmitteln habe ich von Marion bekommen. Sie hat mich auch auf den Fall von Dr. Jörg Blettenberg aufmerksam gemacht. Daher vielen Dank für deine wertvolle Mithilfe! Apropos „wertvolle Mithilfe": Hier gilt mein Dank auch der ganzen Familie Harbich für viele tolle Gespräche und tatkräftige Unterstützung. Menschen mit dem Herzen am richtigen Fleck können viel bewegen!

Auch bei den Zeppelingärtnern möchte ich mich dafür bedanken, dass sie mich mit offenen Armen in ihre Gemeinschaft aufgenommen haben. Ich freue mich schon auf viele weitere gemeinsame reichhaltige Ernten!

Ein weiterer Lichtblick für jeden Autoren ist die unkomplizierteste Verlegerin der Welt: Sigrid Pomaska.

Inspirierendes für Augen, Ohren und Herz

BÜCHER

„Ideale – Auf der Suche nach dem, was zählt"
von Julia Friedrichs

Wo sind unsere Vorbilder und warum ist es so schwer, den eigenen Idealen treu zu bleiben? Diesen und weiteren Fragen ging die Journalistin Julia Friedrichs auf den Grund. Anstoß dazu war die Geburt ihres Sohnes, denn die junge Mutter machte sich Gedanken darüber, in welcher Welt ihr Kind aufwächst. Auf der Suche nach dem, was zählt, sprach sie unter anderem mit aktiven und ehemaligen Politikern, Bankern, Schriftstellern und sozial engagierten Menschen. Friedrichs Buch hat mich zusammen mit einigen interessanten Gesprächen zu „Die Herzensfolger" inspiriert.

„Hört auf zu arbeiten! Eine Anstiftung das zu tun, was wirklich zählt"
von Anja Förster und Peter Kreuz

Das erfrischende und locker geschriebene Wirtschaftsbuch ruft nicht etwa zu kollektiver Faulheit auf, sondern legt zunächst den Finger tief in die Wunde: Einerseits sollen wir in der Arbeitswelt innovativ sein und querdenken, doch in der Realität stören wir damit den geschmeidigen Ablauf eines eingefahrenen Systems. Die Autoren zeigen auf, dass die Industrialisierung zwar längst passé, aber das „Fabrikdenken" in Schule, Ausbildung und in Unternehmen höchst präsent ist. Doch einem großen System die Schuld zu geben und sich selbst als hilfloses Opfer darzustellen, sind lediglich bequeme Ausreden. Jeder Mensch könne sich an jedem Punkt anders entscheiden und damit etwas ändern.

„Wunder muss man selber machen –
Wie ich die Wirtschaft auf den Kopf stellte"
von Sina Trinkwalder

Sinas Buch ist spannend wie ein Wirtschafts-Thriller. Dies war auch mein „Verhängnis": Dermaßen von der Lektüre gefesselt, las ich es in einem Zug aus. Die Möglichkeiten und auch die finanziellen Mittel zu haben, neue Wege zu beschreiten und damit auch für das Glück der anderen aktiv werden zu können, ist nur eine Seite der Medaille. Was zählt, ist auch der innere Wunsch und die Kraft, die eigene Vision umzusetzen. Als Mitgründerin einer Werbeagentur heizte sie jahrelang künstlich den Konsum an. 2010 gründete sie „mamomama" und fertigt seitdem Öko-Textilen mit Rohstoffen aus der Region. Ihre Mitarbeiter sind Menschen, die auf dem normalen Arbeitsmarkt kaum eine Chance haben: zu alt, Migrationshintergrund, zu lange arbeitslos, alleinerziehend und dergleichen. Gemeinsam schaffen sie täglich das Wunder, anders und trotzdem – oder vielleicht gerade deswegen – erfolgreich zu wirtschaften.

FILME

„Speed – Auf der Suche nach der verlorenen Zeit"

Ich habe keine Zeit – aber warum eigentlich nicht? Sollten die zahlreichen technischen Neuerungen unser Leben nicht einfacher machen? Filmemacher Florian Opitz begibt sich auf Spurensuche, warum wir gefühlt immer weniger Zeit haben. Dabei deckt er im Kleinen wie auch im Großen erschreckende Mechanismen auf. Er besucht aber auch Menschen, die aus dem Hamsterrad ausgestiegen sind und sich gesellschaftlichen Alternativen zugewandt haben. Höher, schneller, weiter war gestern, Sinn ist heute. *(Dokumentation)*

„Glücksformeln"

Jeder Mensch träumt von seinem Glück. Für manche bleibt es ein Traum, für andere geht er in Erfüllung. Was macht uns überhaupt glücklich und vor allem, wie bleiben wir es auch in schwierigen Lebenssituationen? Kann man glücklich sein lernen? Regisseurin Larissa

Trüby geht diesen und weiteren Fragen nach, spricht mit Glücks-
forschern und Menschen, die ihren Weg in ein glückliches Leben
gefunden haben. Das Fazit: Glück ist ein individuelles Rezept mit
vielen unterschiedlichen Zutaten. *(Dokumentation)*

„Das Glücksprinzip"

Trevor bekommt im Rahmen eines Schulprojekts von seinem Sozial-
kundelehrer die Frage gestellt, wie man die Welt zu einem besseren
Ort machen könnte. Der Junge entwickelt die These, dass, wenn
jeder Mensch drei anderen Menschen in Notlagen hilft und diese
wiederum jeweils drei anderen Menschen zur Seite stehen, dann
müsste die Welt ein ganzes Stück besser werden. Bei der Theorie
soll es nicht bleiben und so beschließt Trevor, es auf einen Versuch
ankommen zu lassen. Obwohl er schnell vom Misserfolg überzeugt
ist, verbreitet sich sein Glücks-Schneeballprinzip bereits über die
Staatsgrenze hinaus. Der Weg, unsere Welt zum Guten zu verändern, ist so schreiend einfach, dass anscheinend nur ein Kind darauf
kommen kann. (Bitte Taschentücher bereit halten – ich brauche sie
jedes Mal!) *(Spielfilm)*

„Der Ja-Sager"

Nach seiner Scheidung versteckt sich Carl Allen vor dem Leben.
Seine Arbeit in der Bank empfindet er als monoton, die Abende
verbringt er alleine vor dem Fernseher. Seine Freunde schaffen es
nicht, ihn aus seinem Trott zu befreien. Bis Carl genötigt wird, einem Treffen der skurrilen Vereinigung der „Ja-Sager" beizuwohnen.
Fortan muss er zu jedem und allem ja sagen, was sein Leben gehörig
auf den Kopf stellt, es aber wieder lebenswert macht. Brüllend komisch und in der Tiefe so wahr. *(Spielfilm)*

Über den Autor

Im Mai 1980 erblickte Jens Brehl in der hessischen Barockstadt Fulda das Licht der Welt. Nach erfolgreichem Abschluss der kaufmännischen Lehre machte er sich zunächst mit einem Vertrieb von Gesundheitsprodukten selbständig. Doch schon bald zog ihn die Leidenschaft fürs Recherchieren und Schreiben in die Medienbranche.

2008 schien der Durchbruch als gefragter Journalist und PR-Berater geglückt zu sein: Das Auftragsbuch quoll über und das Arbeitspensum schoss unweigerlich noch weiter in die Höhe. Im Dezember erfolgte das vorläufige Aus. Diagnose: „depressives Erschöpfungssyndrom" oder umgangssprachlich „Burnout". Tief in seinem Inneren spürte der damals 28-Jährige, von seinem Lebensweg abgekommen zu sein.

Es folgten Jahre der inneren Einkehr, aus denen er gestärkt hervorging. Als Journalist widmet er sich seitdem intensiv den Themenbereichen „enkeltaugliches Wirtschaften", gesellschaftlicher Wandel und Medien.

Im Dezember 2010 bekannte er sich in seinem Artikel „Und plötzlich ging das Licht aus"* öffentlich zu seiner Geschichte, die er bewusst unter Klarnamen veröffentlichte. Es folgte 2012 die Veröffentlichung eines E-Books im PDF-Format („Einmal Hölle und zurück") als kulturelles Gemeingut, welches der Pomaska-Brand-Verlag Ende 2013 als überarbeitete Taschenbuchversion unter dem Titel „Mein Weg aus dem Burnout – Der Stress-Falle entkommen, Lebenskunst entwickeln" in sein Programm aufnahm.

Seit 2013 betreibt Jens Brehl zudem den „enkeltauglichen" Medienblog „Der Freigeber" (www.der-freigeber.de) und „Brehl backt!" (www.brehl-backt.de).

Mehr über den Autor erfahren Sie unter www.jens-brehl.de.

---

* Vollständiger Artikel: www.der-freigeber.de/und-ploetzlich-ging-das-licht-aus

Die Vorgeschichte der »Herzensfolger«

Jens Brehl
Mein Weg aus dem Burnout
*Der Stress-Falle entkommen,
Lebenskunst entwickeln*

292 Seiten, kart., Preis: 14,80 EUR
ISBN 978-3-943304-21-3
(auch als E-Book erhältlich)

»Stellen Sie sich vor, Ihr Leben ist so, wie Sie es seit jeher kennen, mit einem Schlag vorbei: In Ihrem Kopf fällt der Vorhang und das Licht geht aus. Ihr einziger ‚klare‘ Gedanke ist, dass Sie den Verstand verloren und deswegen Ihren Platz in der Gesellschaft auf ewig verwirkt haben. Sie wissen nicht, an wen Sie sich wenden können, und spielen mit dem Gedanken, sich umzubringen. Das ist meine Geschichte.«

Der Journalist Jens Brehl erkrankte Ende 2008 äußerst schwer am depressiven Erschöpfungssyndrom – umgangssprachlich Burnout genannt. Wie er, anfangs nur noch ein Schatten seiner selbst, den Weg aus dem depressiven Strudel fand, beschreibt er offen und eindrücklich.

Nicht nur Betroffene werden das Buch mit Gewinn lesen, – auch wer sich „nur" gestresst fühlt, könnte einige unbequeme Wahrheiten über seine eigene Lebensführung entdecken und dadurch neue Wege einschlagen.

»Fälschlicherweise wird ein Burnout oftmals lediglich mit dem Grad der Arbeitslast in Verbindung gebracht. Die Seele kann ausbrennen, wenn das Leben in unpassende Strukturen gepresst wird. Die Arbeitslast ist nur eine mögliche Ursache.«

Weitere Leseempfehlungen aus dem Verlag

Rafael Häusler
Schmerz frisst Seele
Leben mit Cluster-
kopfschmerz

2. Aufl., 158 Seiten, 11,80 €
ISBN 978-3-943304-22-0
(auch als E-Book erhältlich)

Christina Bergmann
Und meine Seele lächelt
Transsexuallität und
Spiritualität

300 Seiten, 16,80 €
ISBN 978-3-935937-87-0

Danièlle Weiss
Die vergessene Königin
Leben in Transidentität

150 Seiten, 12,80 €
ISBN 978-3-943304-15-2
Vorwort von Eva Fels
(auch als E-Book erhältlich)

Rafael Häusler, heute Fachinformatiker und Mediengestalter, wurde 1970 in Recklinghausen geboren. Dort machte er sein Abitur und begann an der Ruhr-Universität Bochum ein Maschinenbaustudium.

In der Rush-Hour seines Lebens geriet er jedoch in einen „Stau". Eine Krankheit, deren Namen er erst Jahre später erfahren sollte, breitete sich aus. Der Cluster-Kopfschmerz dominierte sein Leben und begann es zu zerstören.

Glücklicherweise fanden sich doch noch hilfreiche Menschen und Methoden. Und so konnte dieses Buch mehr als nur ein verzweifelter Aufschrei der Seele werden. Es möchte Ratgeber sein und Betroffenen Hilfestellung und Anregungen geben. Auch auswegslos erscheinende Situationen können Wendungen erfahren und die Möglichkeit, etwas zu verändern, wohnt immer in uns.

Am Ende kann die Erkrankung als Umfahrung des „Staus" verstanden werden. Denn auch ein so nicht geplantes Leben kann ein gutes und schönes Leben sein.

„Oh Gott! Pfarrer wird Frau!" So lautete die Schlagzeile, unter der eine große Boulevard-Zeitung über den Pfarrer Christoph Bergmann berichtete.

Im Vorwort schreibt die Autorin: »Ich möchte von meinen Erfahrungen erzählen, von meinem Weg vom Mann zur Frau, den ich unter Gottes Angesicht gegangen bin. Es ist viel mehr und viel tiefer als nur der transsexuelle Weg, obwohl der allein ja schon das ganze Leben auf den Kopf stellt. Vor allem aber ist es ein spiritueller Weg, ein Weg der Gottesbegegnung und Menschwerdung. Eine Pilgerreise mitten ins Herz.«

Die Autorin lässt uns an ihrer transsexuellen Biografie teilhaben. Eindrücklich schildert sie die Konflikte in Kindheit und Jugend („Leben mit der Blech-Maske") bis hin zu dem Punkt, wo die Wahrheit so übermächtig wird, dass sie sich ihrem tiefsten Wunsch nach einer weiblichen Identität stellen muss. Inzwischen ist sie verheiratet, Vater von zwei Töchtern und Pfarrer in einer westfälischen Gemeinde …

Transgenderfrauen und -männer leben unter uns, am liebsten inkognito und mit perfektem „Passing". Welches Lebensgefühl haben sie – vor und nach dem Outing, der Hormontherapie und vielleicht sogar der Operation?

Danièlle Weiss schildert mit klaren und offenen Worten, was es bedeutet, transgender zu sein. Sie beleuchtet medizinische, kulturelle, psychologische und persönliche Aspekte rund um das „dritte Geschlecht".

....

„Manchmal bezeichne
ich mich scherzhaft als ein
Retorten-Prachtweib, ein
künstlich geschaffenes Wesen,
geboren im Niemandsland
zwischen den beiden Polen
der Geschlechter,
ewig unterwegs zu der
Frau in mir, wohl wissend,
dass ich sie nie ganz
erreichen werde."

....

Erhältlich im Buchhandel und beim Verlag

Pomaska-Brand Verlag
Holthausen 1
58579 Schalksmühle
Tel. 02355-903339
info@pomaska-brand-verlag.de
www.pomaska-brand-verlag.de

8,1-2015